GARDASEE

44 **WANDERTOUREN &
MEHR FÜR DEINEN
URLAUB**

GARDASEE

44 WANDERTOUREN & MEHR FÜR DEINEN URLAUB

Inhalt

Tourenübersicht

Übersichtskarte

Endlich... geht es los!

Packliste

Verhaltenskodex

Grundwissen

Touren 1–44

Unsere Hacks

Endlich was Neues ausprobieren

Von Vorteil für Mensch & Natur

Impressum

Endlich Feierabend

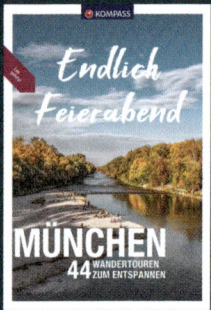

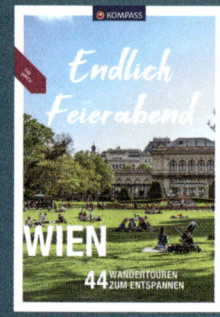

Endlich Erfrischung & Endlich Fahrtwind

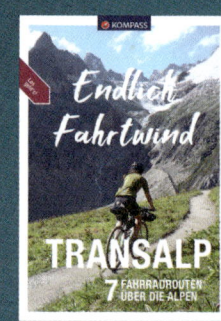

Endlich aufs Wasser & Endlich Sonne

Endlich Wildnis & Endlich hoch hinaus

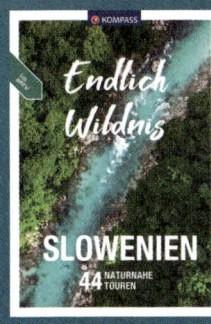

Entdecke mehr aus unserer neuen Reihe Endlich...

Vom Stand-Up-Paddleführer über Hüttenführer bis hin zu entspannten Feierabendtouren haben wir für jedes Vorhaben das Richtige. Wir motivieren dich, geben dir alle nötigen Informationen mit auf den Weg und zeigen dir, worauf es ankommt, um perfekte Momente zu erleben. Schau doch mal auf unserer Website vorbei: www.kompass.at.

Endlich Hüttenzeit & Endlich Genuss

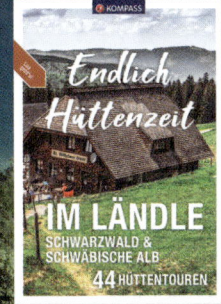

Tourenübersicht

TOUREN 1–11

TOUREN 12–22

Unser Highlight

Tourenübersicht

TOUREN 23–33

TOUREN 34–44

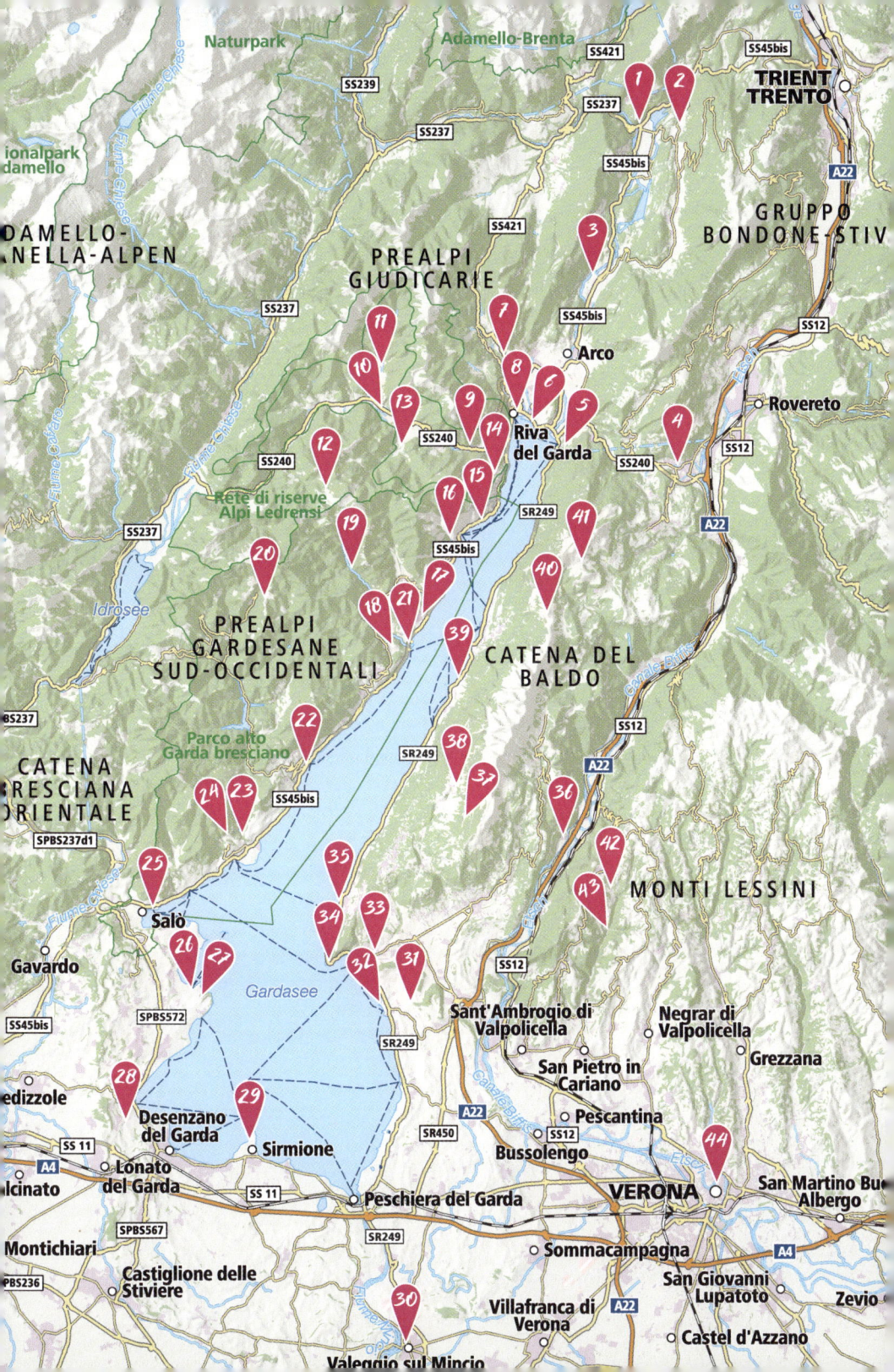

Endlich ...

geht es los!

---

44 WANDERTOUREN FÜR DICH

Was könnte schöner sein, als endlich … in der Sonne zu wandern, an heißen sonnigen Tagen in den See zu springen, sich in der wärmenden Nachmittags-sonne in ein Café an der Uferpromenade zu setzen und dem bunten Treiben des Freizeitalltags zuzusehen? Also raus aus dem täglichen Trott und rein in die Wander- und Freizeitklamotten. Die schönsten Touren rund um den Gardasee führen euch zu gigantischen Gipfeln mit atemberaubenden Panoramablicken, in malerische, versteckte Täler und durch entzückende Bergdörfer und Ufer-städtchen, die dich mit kulturellen Kleinoden, romantischen Plätzen und gemüt-lichen Cafés verzaubern.

Abschalten, dem Lärm der Großstädte entfliehen und einfach nur mal der Stille und dem Rauschen der Bergwälder lauschen. Oder auf dem Gipfel des Monte Baldo dem Falken bewundernde Blicke zuwerfen, während er stoisch seine Kreise zieht. Ob in der tiefen Schlucht des Val Sorda oder in luftiger Höhe auf der Cima Capi – der Gardasee wartet mit einer beeindruckenden Landschaft auf, die sich wunderbar im Rahmen von – mal idyllischen, mal spannenden – Tageswanderungen erkunden lässt.

Steile Berge im Norden, hohe Steilküsten über der „Zitronenriviera" im Westen mit wildromantischer Fels- und Almlandschaft, sanfte Moränenhügel im Süden, durchsetzt mit Kirchen und Burganlagen und schließlich malerische Orte ent-lang der „Olivenriviera" im Osten, beherrscht vom beeindruckenden Monte Baldo Höhenzug – all das und noch viel mehr findest du am Gardasee. Wir ha-ben die schönsten Touren rund um den größten See Italiens in diesem Buch zu-sammengetragen und wünschen euch viele unvergessliche, sonnenverwöhnte (Wander-) Erlebnisse!

Endlich alle 7 Sachen zusammen

Deine Packliste

MATERIALCHECK

Bei unseren Touren unter der im Sommer oft heißen Sonne des Gardasees ist von kurzen bis langen Routen, leichten bis schwierigen Wegführungen alles dabei. Je nachdem, für welche Runde wir uns entscheiden – gewisse Ausrüstungsgegenstände sollten in keinem Rucksack fehlen:

- ○ Festes Schuhwerk mit griffiger Sohle
- ○ Wetterfeste & atmungsaktive Bekleidung
- ○ Getränke (mind. 1,5 Liter!)
- ○ Erste-Hilfe-Set & Zeckenschutz
- ○ Handy (für den Notruf)
- ○ Wechselkleidung für den Gipfel

- ○ Proviant & Wasser
- ○ Gut sitzender Wanderrucksack
- ○ Teleskop- oder Faltstöcke
- ○ Sonnenschutz (Brille, Hut, Sonnencreme)
- ○ Kompass und Wanderkarte
- ○ Badesachen (Handtuch, Bikini oder Badehose)

Endlich gern gesehen

Verhaltenskodex

———————————————

BEIM WANDERN

Das Wandern hat eine lange und vielschichtige Tradition. Schon unsere Vorfahren sind gewandert, damals jedoch aus anderen Beweggründen – beispielsweise um ein neues Territorium zu erschließen. In der heutigen Zeit erhält das Wandern ganz neue und moderne Perspektiven. Anders als bei anderen Sportarten bewegst du dich beim Wandern nicht in Sporthallen oder auf Sportplätzen, sondern in der freien Natur, in Kulturlandschaften oder auch in Städtchen und Dörfern – du bist hier ein Gast. Durch nachhaltiges Denken und Respekt können wir dazu beitragen, unsere Natur und Kulturlandschaft zu schützen und sie dennoch zu genießen. Deswegen haben wir hier für dich ein paar Verhaltensregeln, die du beim Wandern beachten solltest.

Und das kannst du machen ...

01 **Wege nicht verlassen:** Nicht umsonst befinden sich oft am Wegesrand diese Hinweisschilder, die auch eingehalten werden sollten.

02 **Auf den ausgeschilderten Wegen bleiben:** Der Gardasee bietet viele, teils versteckte Ecken für Wanderer mit oft gut beschilderten Wegen. Haltet euch daran, nicht grundlos bleibt so mancher Weg unbeschildert.

03 **Hunde an die Leine:** Leinenlose Hunde sind ein Ärgernis, das Antipathie auf Hunde schürt. Oft schrecken stromernde Hunde Wild auf oder jagen es gar. In den Bergen kann das zu bösen Unfällen führen – für Mensch und Tier. Also den Leinenzwang ernst nehmen, euer Vierbeiner freut sich auch an der Leine auf den Spaziergang.

04 **Keine Pflanzen rupfen:** Das gilt für Blumen und auch alle anderen Pflanzen. Oft stehen sie sogar unter Naturschutz und gehören nicht in den heimischen Garten.

05 **Wandern auf Wirtschaftswegen:** Gegenseitige Rücksicht ist hier die Devise. Auch kleine Landmaschinen sind nicht so wendig und flexibel wie der Wanderer. Also einfach kurz stehen bleiben oder einen Schritt beiseitetreten.

06 **Wildcampen verboten:** Unter freiem Himmel schlafen ist toll, aber bitte nur an ausgewiesenen Zelt- und Campingplätzen.

07 **Ausgewiesene Rastplätze nutzen:** Eine kleine Leckerei in der Natur genießen oder mit einer ausgedehnten Brotzeit die Kräfte wieder ankurbeln. Wer eine Pause machen möchte, sollte die vorgesehenen Rastplätze nutzen. Denn hier findet man auch Mülleimer.

Grundwissen

Wandern

Wandern ist ein ideales Mittel, um einfach mal auszuspannen und den Alltag hinter sich zu lassen. Nur der eigenen Bewegung folgen, sich auf seine Schritte und den eigenen Rhythmus konzentrieren. Die Natur und ihre Schönheit genießen. Oder verträumt durch kleine Gässchen in den Bergdörfern rund um den Gardasee schlendern. Trotzdem gilt es einiges zu beachten, damit durch unvorhergesehene Ereignisse der Spaß nicht auf der Strecke bleibt.

Richtig angefangen: Sich ohne jegliche Erfahrung gleich auf die längsten Touren mit den meisten Höhenmetern zu stürzen, ist weder vernünftig noch macht es viel Freude. Denn wenn dein Körper die Anstrengung noch nicht gewöhnt ist, können lange und anspruchsvolle Distanzen schnell zur Qual werden. Lieber erstmal klein anfangen und sich dann steigern. Denn auch auf kürzeren und einfacheren Touren kannst du die herrliche Landschaft des Gardasees in vollen Zügen genießen.

Der Blick aufs Wetter: Auch in den Gardaseebergen ist stabiles Wetter wichtig, um nicht wie ein begossener Pudel dazustehen. Informiere dich am besten zwei Tage vorher. Ein letzter Check am Abend, bei unsicheren Verhältnissen kurz vor der Wanderung, ersparen dir böse Überraschungen. Der Deutsche Wetterdienst oder das Wetter des Deutschen Alpenvereins sind eine verlässliche Quelle auch für das Trentino und den Gardasee.

Notruf: Im Falle eines Unfalls haben Ruhe bewahren und überlegtes Handeln oberste Priorität. Erst einen Überblick über die Situation verschaffen, dann wird mit der europaweit gültigen Notrufnummer 112 ein Notruf abgesetzt. Funklöcher oder kein Handy erfordern das alpine Notsignal mittels Rufen, Pfiffen oder Licht: Alle zehn Sekunden eine Minute lang ein Signal, dann eine Minute Pause, dann wieder alle zehn Sekunden eine Minute lang ein Signal geben. Zudem sollten Erste-Hilfe-Maßnahmen durchgeführt werden.

Grundwissen

Wandern

TOUREN-1×1 & LEXIKON

Die Klassifizierung der Touren ist als Richtwert zu verstehen. Schätze dein Können und deine Kräfte realistisch ein und richte deine Tourenauswahl danach aus.

LEICHT: Die Wege sind meist gut markiert. Meist führen sie als breite und bequeme Wanderwege durch Wald und über Wiesen und weisen keine oder so gut wie keine Gefahrenstellen auf. Aber auch Spaziergänge durch kleine Städte und Dörfer bewegen sich auf diesem leichten Level. Die Routen sind für alle Menschen gut geeignet.

MITTEL: Hier werden die Wege schon anspruchsvoller. Oft führen Pfade mit unwegsamem Untergrund durch die Landschaft. Wir begegnen immer wieder steinigen, wurzeligen oder rutschigen Stellen. Dennoch sind die Wege meist gut markiert, phasenweise vielleicht ein bisschen ausgesetzt. Die Routen sind meist länger und setzen Bergerfahrung und eine gute Grundkondition voraus.

SCHWER: Mit diesen Touren erwarten uns herausfordernde Bergtouren, meist über schmale und steile Steige. Das Gelände wird alpiner, die Wege und Pfade sind mit Felsen und Steinen durchsetzt. An manchen Stellen helfen dann sogar Seilsicherungen weiter. Kletterpassagen sind zwar eher selten, können aber auch mal vorkommen. Du musst längere An- und Abstiege einplanen. Einschlägige Bergerfahrung, Schwindelfreiheit und Trittsicherheit sind hier eine wichtige Voraussetzung.

Gehzeiten: Die angeführten Zeitangaben verstehen sich als Richtwerte für die reine Gehzeit ohne Pausen und basieren auf folgenden Erfahrungswerten pro Stunde: Aufstieg 400 Höhenmeter, Abstieg 600 Höhenmeter, 4 km auf flacher Strecke.

Wandersaison: Grundsätzlich lässt es sich am Gardasee – zumindest in den niederen Lagen – ganzjährig wandern. Trotzdem solltest du mit Schnee in den höheren Lagen rechnen. Achte besonders bei Minustemperaturen und Nässe auf die Wegverhältnisse. Von April bis Mai und September bis Oktober ist die schönste Wanderzeit am Gardasee. Die Gipfel sind meist schon schneefrei und die Sonne brennt noch nicht allzu arg vom Himmel. Zudem ist die Blütenpracht im Frühsommer rund um den See eine Augenweide! Informiere dich am besten in der Region über die aktuelle Begehbarkeit der Wege und die Öffnungszeiten der Zufahrtsstraßen und Schutzhütten.

TOUREN 01 – 44
BESCHREIBUNGEN

Nembia
910
805
Busa di Medigi
Garni 787
Nembia
791
Busa di Colin
Cravil
859
1772
Selva Grande
1391
421
Pian delle Seghe
816
Buse dei Pravebili
Rif. Alpenrose
1069
Moline
539
Vezzani
Sant.o della Beata
Vergine di Caravaggio
Deggia 619
Argie
841
1172
Malga di Gazza
o Malga di Ranzo
1549
Maso Ruatt
960
S. Massenza
322
C. di Saven
Berghi
881
S. LORENZO-
in Banale
Giolo
758
Baeli
872
Cisterna
878
Pra Longa
Malga di Baeli
1089
Cava di pietra
S. Antonio
Margone
946
S. Barbara
Coel della
Val della Porta
775
Centrale
Idroelettrica
S. Valentino
Cast. Mani
793
770
Pergoletti
599
708
Pergoletti
Forra dei Limaro
Baeli
Ranzo
746
S. Vigilio
Ròcol Bar
Bar Parisi
Val Busa
Crozzetti Rossi
Santa
Massenza
da Valentino Due Laghi
Padergnone
285
45bis
Limarock
Limaro
Pso della Morte
843
Bassilandia
L. di Toblino
245
Castel Toblino
Biotopo
Barbazane
237
Motte
456
961
Monte
Garzolet
V.la Toresella
474
Poggio
Calavino
402
Chiesa del
Corgnon
410
La Piegada
Godesi
1170
1
Sarche
di Lasino
Miravalle
Sarca,
Panoramica
584
Ponte Olivetti
245
Al Ronchi
Frassene
475
542
Dosso di Bonaghe
600
Castello Madruzzo
Castel
Madruzzo
448
Le Maroche
Athos,
Sisyphos
Piano Sarche
Campetti
San Siro
Codecce
518
Casale
1079
Pascolo
P.te del Gobbo
252
Pergolese
297
S. Siro
506
Lasino
194
M. Casale
1631
Rif. Don Zio
Pisoni
1600
Le Quadre
Cava
Maso
Marocco
Boulder
City
Giardino
di Nato
Marocchi
Baule
Daino
Masetto
Muro di
chitarra
Camerette
265
Comoli
Dosso delle
Scuole
Gua
San Siro
625
Crona dei Greci
Duson
Transatlantico
Borgo
Nuovo
Isole
253
Metzeler
Offroadpark
Ciclamino
250
Crossodromo
45bis
Pietramurata
248
Masi
di Cavedine
I Casoni
La Cosina
Com.
Maso dei
Mungiton
Cava di Sabbia
Madruzz
0   500 m
01

Monte Garzolet
Am Ende des Valle de Sarca

Bergtour

01

DAUER	4h 15min
LÄNGE	11 km
HÖHENMETER	720 hm
SCHWIERIGKEIT	MITTEL
MIT ÖPNV ERREICHBAR	ja

Das erwartet dich ...

Die Wanderung führt uns in einem steilen Anstieg durch den Wald und über Geröll. An einigen drahtseilversicherten Kletterstellen ist Trittsicherheit und Schwindelfreiheit notwendig. Der Rest der Route bewegt sich über leichte Waldwege und Asphalt. Imposant ist die gigantische Felsfront des Monte Garzolet. Eine unerwartete Überraschung ist da das Dorf Ranzo kurz vor dem Gipfel.

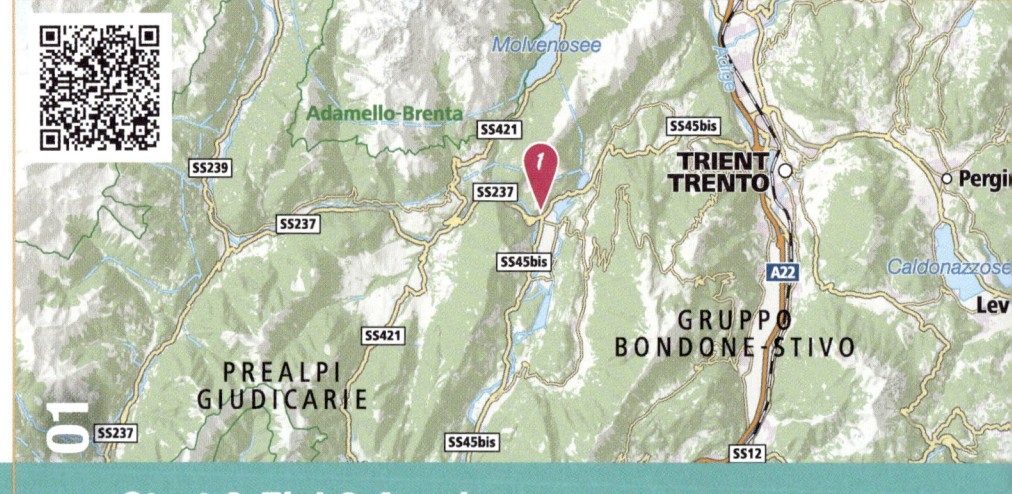

Start & Ziel & Anreise

Los geht's in Sarche, südwestlich des Lago di Toblino. Über die Autobahn geht's bis Trento. An der Ausfahrt Trento Nord wechseln wir auf die SS45bis über Vezzano nach Sarche. Parkmöglichkeiten gibt es an der Hauptstraße, beim Teatro Parrochiale. Von Trento fährt der Bus Nr. B205 in Richtung Riva Del G. Autostazione. Haltestelle ist Sarche, Cassa Rurale.

Tourenbeschreibung

Oberhalb der Schule von Sarche orientieren wir uns an den Schildern zum Klettersteig „Rino Pisetta", die uns über eine Wiese in den Wald führen. Nach dem dritten Wegweiser steigen wir unbeschildert nach links über einen unscheinbaren und sehr steilen Geröllpfad empor. Ein wenig später leiten uns hier ein paar rote Punkte an Brunnendeckeln und Bäumen. Wir halten an der ersten Kreuzung geradewegs die Richtung, dann folgen wir den steilen Serpentinen zu einem großen Felsblock hinauf. Ein paar Richtungspfeile weisen uns hier den Weg. Links Richtung Ranzo erreichen wir dann die Via attrezzata „Sentiero Scal", an der uns einige stark ausgesetzte Felsstufen erwarten.

Wir steigen am Drahtseil entlang im Zickzack empor und überwinden einige Kehren – Geröll erschwert uns hier den Aufstieg. Dabei thront die wuchtige Südwand des Berges über uns. An mehreren Stichwegen zum Klettersteig vorbei wandern wir über einen schönen Waldpfad zunächst sanft hinab. An der Schotterstraße biegen wir rechts hinauf ein und verlassen sie nach zehn Minuten über einen Waldpfad rechter Hand. Er führt über zwei Kehren hinauf Richtung Ranzo. An der Kapelle St. Vigilio halten wir uns rechts über Kopfsteinpflaster zum Wegkreuz.

Die Straße mit der Wegnummer 613 leitet uns rechts Richtung Val Busa. An der folgenden Abzweigung halten wir uns erneut rechts und gehen unbeschildert über ein asphaltiertes Stück in den Wald, an einem Haus vorbei. Ein Schotterweg leitet uns zu einer Waldkreuzung mit Rastplatz und weiter geradeaus bis zur nächsten Kreuzung. Rechts geht's in einer halben Stunde über einen breiten, teils steilen Waldpfad bis zum höchsten Punkt des Monte Garzolet. Wir genießen den Blick auf den Lago Toblino, dann steigen wir auf dem Anstiegsweg zur Straße zurück hinab. Wir umgehen Ranzo nach rechts über die Via Dossèl, nordwärts bis zur nächsten Gabelung. Erneut wenden wir uns rechts herum und steigen hinab. An der Abzweigung mit Bank halten wir uns weiter geradeaus.

Die Straße verläuft in großen Schwüngen ins Tal hinab, an manchen Stellen kann es dabei schon mal steiler werden. Wir passieren ein Wegkreuz mit herrlichem Panoramablick. Im Val Busa plätschert der Rio Ranzo neben der Straße. Hier finden sich mehrere Rastplätze, die von Kletterern geradezu „belagert" werden. Linker Hand befindet sich eine Kletterhöhle. Gleich darauf stoßen wir auf die leider arg befahrene Hauptstraße. Rasch passieren wir sie, dann können wir in Castel Toblino eine Rast einlegen. Das schöne Wasserschloss können wir leider nur von außen anschauen. Es befindet sich in Privatbesitz. Wir schlendern über den Fußweg entlang der Hauptstraße. Er führt uns über Schotter und Holzbuhnen autofrei Richtung Süden nach Sarche.

Autoren Tipp

Für den Rückweg können wir eine Variante wählen: Gut einen Kilometer nach Ranzo zweigt an der Rastbank rechts ein schöner Waldpfad ab. Er ist mit der Markierung „ST01" gekennzeichnet und trifft auf einen Forstweg. Nach einer Schranke gelangen wir links herum weiter, wieder zurück auf die gleiche Straße.

Lon
540

Doss del Piai

Fraveggio
433

Malga di Gazza o Malga di Ranzo
1549

Maso Rualt
960

Doss Alto
592

600 Praiol

603

Cave di sabbia

Vezzano
393

Casa Narano

Naran

45bis

i Gaidos

Gaidos

Campavai

S. Massenza
256

Carpagna

Castin

Ronch

Pozzo Glaciale "Stoppani"
009

Doss Cuce

C. di Saven

Bersaglio

Cava di pietra

S. Antonio

Margone
946

Coel della Val della Porta

S. Barbara

775

Centrale Idroelettrica

S. Valentino

Coste da Van

Bersaglio

Sorg. della Chiocciola

Dos del Isep
963
Malga di Vezzano

1107

Monte Alto

Le Carozzere

Pinara

Font. Brenta

Toboros

Malghetto
1118

Crozzetti Rossi

Le Laste

Fontana

Padergnone
285

Ex Maso del Conzeta

la Spiazza

Doss della Rocchetta

Doss Nero
1403

Col di Castion
1477

1505

Val Busa

Santa Massenza
da Valentino

Due Laghi

45bis

Doss d'Isep

Pian del Gaggio
617

1113
Ex Forti

M. Piana
1055

Bassilandia

Biotopo

Castel Toblino

L. di Toblino
245

V.la Toresella

474

Poggio

La Piegada

Mon Pravilan

929

Palinegra
1527

1557

Mezavia
1195

259

Sarche
245

Chiesa del Corgnon
402

2

410

Al Mattino

Lagolo
936

Lavachel
1527

Campo

Ponte Olivetti
245

Al Ronch

Fornace

Calavino

Frassene

475

Castello Madruzzo

Dosso di Bonaghe
600

929

Lagolo

1056

Caverna Strengiador
1221

1608

piano Sarche

Campetti

Codecce
518

Pradel

Campolungo

Castel Madruzzo
448

Limon

Gaggio di Madruzzo
1091

1708

Cavizzani
1703

Rif. Viote (F.lli Tambosi)
1540

Dosso delle Scuole

Gua

San Siro
542

S. Siro
506

Lasino
494

Dos Qualon

Gaggio dei Pini

Pra Nogaro
1033

La Rosta
1832

Biotopo Torbiera delle Viote

Pergolese
297

Pietramurata

Masi di Cavedine

Crona dei Greci

I Casoni

La Cosina

Com.

Fabian

Grete

Maso dei Mungitori

Cava di Sabbia

Val Cazzola

Pra Vaiolo

1811

Costa Cadino

Prati Wolchenstein

Dosso di Croce
606

605

Mad.na dell' Assunta

Stravino
496

La Berlonga
489

Uccelliera

Ronchione

Fraine

Bocca di Vaiona
1695

Madruzzo

Lago di Cavedine

Doss Tirol

Dosso S. Lorenzo
539

611

Fonti Romana

Pra Lombardo

Val dei Forni

Maso dei L'arici
1103

M.ga Roncher
1772

241

1408

0 500m

02

Badetour

Lago di Lagolo
Zu einem abgelegenen, eiszeitlichen Natursee

DAUER	2h 45min
LÄNGE	9 km
HÖHENMETER	535 hm
SCHWIERIGKEIT	LEICHT
MIT ÖPNV ERREICHBAR	ja

Das erwartet dich ...

Die Wanderung führt uns über natürliche Waldwege, schmale Straßen und abgelegene Maultierpfade an einen zauberhaften, kleinen Natursee. Er liegt auf knapp 1000 Meter Höhe und entstand nach der letzten Eiszeit. Auf dem Rückweg passieren wir das mächtige Castel Madruzzo. Die nur mäßigen Steigungen machen die Runde nicht allzu anstrengend.

Start & Ziel & Anreise

Ausgangspunkt ist Calavino, das wir von Trient aus über die Strada Gardesana di Trento/SS45bis und dann weiter über die Strada Provinciale 84 erreichen. Parkmöglichkeiten gibt es in der Via Cesura di Nadac, direkt hinter dem großen Spielplatz nahe der Kirche. Von Riva geht's mit dem Bus B205 nach Vezzano. Von hier aus mit dem Bus B204 weiter nach Calavino.

Tourenbeschreibung

Unsere Wanderung beginnt am Parkplatz nahe der Ortsmitte von Calavino. Über die Wiese des Spielplatzes wandern wir zur Via E. Pedrini. Auf der Via al Cesurion folgen wir der Beschilderung des „Sentiero del Strengiador" nach rechts hinauf. Die von Weinreben gesäumte Straße zweigt nach ein paar Häusern nach links auf ein Kopfsteinpflaster ab. Der Wegweiser Nr. 619 schickt uns nach Lagolo. Hinter den letzten Weinreben genießen wir die Stille des dichten, schattigen Waldes. Eine halbe Stunde später erreichen wir die markante Abzweigung, an der wir auch einige Schautafeln vorfinden.

Wir passieren geradewegs einen großen Fels und mehrere kleine Felsstürze „Le Maroche" und wandern dabei mal auf Kopfsteinpflaster, mal auf feuchtem Waldboden. Der gut markierte Weg führt uns leicht aufwärts zur Abzweigung „La Piegada", an der wir uns rechts halten und daraufhin geradeaus weiter hinauf wandern. Ein langer Linksbogen bringt uns zum Ende hin etwas steiler hinauf zu einer Rastbank. Mittels eines steinigen Schlussanstieges gelangen wir schließlich an einen Fahrweg, die Via alle Salere, der wir nach rechts folgen. Die Markierung Nr. 618 schickt uns an der großen, leicht befahrenen Provinzstraße nach rechts, auf dem Bürgersteig weiter. Wir passieren einen großen Themenspielplatz mit riesiger Wiese und umrunden nach links gewandt über die Teerstraße den idyllischen kleinen Lago di Lagolo in einer guten viertel Stunde. Beim Albergo Floriani erreichen wir das Ufer bis zum sumpfigen Schilf. Hier gibt es Möglichkeiten zum Baden, auch Tretboote kann man sich an der nahe liegenden Bar ausleihen. Dann kehren wir zur Straße zurück, an der es linker Hand hinter dem Parkplatz einen erholsamen Waldpark gibt.

An der Straße zurück bis zum Bürgersteigsende beginnt unser Rückweg. Wir halten uns an einem Schotterweg links, an einzelnen Häusern vorbei und nochmals links wandern wir nun ohne jegliche Markierung nach rechts auf einen breiten Waldweg südwestwärts hinab. Dabei halten wir uns immer rechts. Nach einer nordwärts Drehung gelangen wir an unsere Abzweigung „La Piegada". Hier wenden wir uns nach links zurück zum Abzweig. Ein wunderschöner Waldpfad geleitet uns steinig und steil bergab bis an eine Provinzstraße. Nach rechts gewandt erreichen wir Castel Mandruzzo. Unter den Blicken der mächtigen Schlossanlage gelangen wir weiter unten im Ort an einen Torbogen. Links hindurch geht es zur Kirche, dabei begleiten uns eindrucksvolle Blicke zum Monte Casale und zum Schloss. Wir laufen an der Felswand entlang hinab bis zu einer Kreuzung mit einem Ziegengehege. Nach rechts führt und die Straße direkt zurück nach Calavino. Über die Via E. Pedrini gelangen wir zurück zum Parkplatz.

Autoren Tipp

In Calavino gelangt man über die Via dei Filatoi („Passegiata") auf die Piazzetta delle Rigole. Sie besticht mit Mühlsteinen, die am rauschenden Bach stehen. Ganz in der Nähe von Calavino befindet sich die Cantina Toblino. Die 1960 gegründete Weinkellerei bietet Weinverkostungen ihrer hervorragenden Weine an. Ihre Geschichte ist die Geschichte von sozialem Zusammenhalt und bestem Weinbau im Valle dei Laghi. Infos unter www.toblino.it

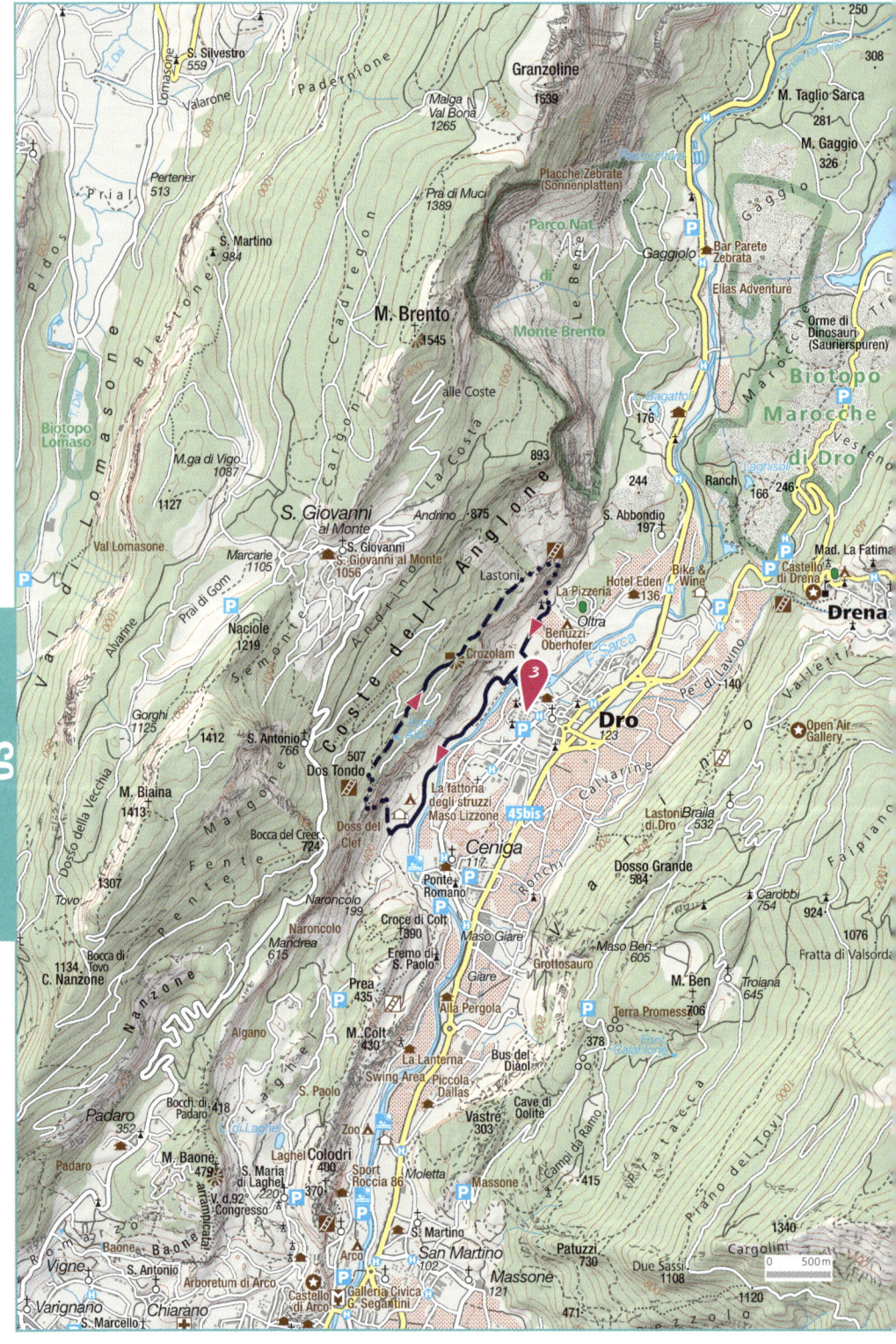

03

Klettertour

Sentiero Degli Scaloni
Luftige Felsenkletterei hoch über Dro

DAUER	3h 10min
LÄNGE	6,8 km
HÖHENMETER	495 hm
SCHWIERIGKEIT	SCHWER
MIT ÖPNV ERREICHBAR	ja

Das erwartet dich ...

Heute bestreiten wir eine wahrlich abwechslungsreiche Bergtour mit zwei einfachen, aber doch stellenweise recht ausgesetzten Kletterpassagen. Der Sentiero degli Scalloni und der Sentiero dell' Anglone bieten uns großartige Blicke ins Sarca Tal und auf Drena. Der Auf- und Abstieg ist im Sommer sehr heiß. Bei Nässe ist die Runde nicht zu empfehlen, da große Rutschgefahr besteht. Schwindelfreiheit und Trittsicherheit sind in jedem Fall erforderlich.

SS239 · SS237 · SS237 · SS45bis · TRIENT TRENTO · Pergi · A22 · Caldonazzo · GRUPPO BONDONE-STIVO · Lev · SS421 · PREALPI GIUDICARIE · SS237 · SS45bis · SS12 · Arco · Rovereto · Riva del Garda · SS240 · SS12

Start & Ziel & Anreise

Mit dem Auto geht's über die A 22 bis nach Trient. Über die Ausfahrt Trento Nord wechseln wir auf die SS45bis und folgen der Staatsstraße über Vezzano und Sarche nach Dro. Westlich der Ortsmitte gibt es einen gebührenfreien Parkplatz. Von Trient fährt der Bus B 205 in Richtung Riva Del G. Viale Martiri. Haltestelle ist Dro.

Tourenbeschreibung

Dro, eingebettet zwischen Gardasee und dem Bergmassif Paganella, ist eine der ältesten Ortschaften im Sarcatal. Üppiger Weinbau und leuchtende Obstgärten – dafür ist der malerische Ort bekannt. Weit größeres Interesse wecken jedoch die halsbrecherischen Felsmauern oberhalb des Ortes, die abenteuerlustige Wanderer zu einem Höhenausflug animieren.

Wir schlendern vom Parkplatz in Dro Richtung Westen, über die Via Capitelli am Sportplatz vorbei und dann rechts an einer Kiwiplantage entlang. An ihrem Ende geht's links über die Sarca-Brücke. Bei der Infotafel halten wir uns links und folgen nun einer hervorragend angelegten Schotterstraße – dem Sentiero Campagnola. Zu unserer Linken rauscht die Sarca, rechter Hand säumen Obstbäume und Olivenhaine den Weg. Dahinter erheben sich die mächtigen Felswände der Coste dell'Anglone. Rasch gelangen wir zum Maso Lizzone, einem restaurierten Agriturismo Bauernhof, neben dem es auch einen Campingplatz gibt.

Der Wegweiser schickt uns nach rechts auf den Weg 428. Er leitet uns etwas steiler durch steiniges Geröll nach Norden. Dann führen uns steile Serpentinen durch Buchen und Pinien bergauf, zum Einstieg des recht einfachen Klettersteiges „Sentiero degli Scaloni". Er weist mehrere Drahtseilpassagen auf sowie einige Holzleitern und Felstreppen. Ihre Beschreitung erfordert höchste Aufmerksamkeit. Herrliche Ausblicke auf Dro, Drena und das Sarcatal begleiten uns dabei. Erhaben winkt der Monte Stivo zu uns herüber. Am Dos Tondo – dem „Dach der Felswand" – angekommen, wandern wir auf dem Weg 428B weiter Richtung Dro.

Der Percorso delle Cavre führt und nun durch den Wald. Dieser historische Pfad verbindet mehrere ehemalige Lastenaufzug-Stationen aus Holz, über die vor 100 Jahren Brennholz ins Tal abgeseilt wurden. Wir wandern direkt an der Felskante entlang, vorbei an einer Wasserquelle bis zur Forststraße. Sie führt uns zu einem großen Rastplatz mit dem Biwak Crozolam hinab. Gute 25 Minuten schlendern wir auf dem schönen Waldweg dahin, bis wir die Kreuzung Lastoni erreichen. Hier steigen wir rechts mit der Markierung Nr. 425 den steilen, aber einfachen Klettersteig „Sentiero dell'Anglone" hinunter. Er ist mit wenigen Drahtseilen gesichert und nur kurz ausgesetzt. Am Bildstock geht's rechts durch Olivenhaine zurück nach Dro.

ex.Rif. M. Velo 1020
M.ga Zanga 1140
B.ta Castil 1226
Baita Alpini - Dos del Longo
1417
1239
Patone 604

M.ga Bergotti 1005
S. Antonio's Bar.
S. Antonio 1265
Ronzo
La Baita 1227
1269
M.te Somator 1310
1278
B.ta Alpini 665
Agritur. Il Gallo 407
512

C. Bertoni
P.so S. Barbara 1169
S. Barbara 1181
Ca Monegni
1112
1095
Pra del Lago 1083
1384
Malga Somator 1310
Castel Corno
Reviano

Genzianella

Ronzo-

1100
Casom

Isera 240

Piazze
974

Chienis

M. Creino

M. Biaena 1580 1617
Cap. M. Biaena
1147
Folas
Villa Romana

1280 1292

Pannone 758

M.ga Grigoli 1358

C. Grumel 697

Varano 853

S. Bernardo

1273

Agritur. Fiorini

S. Rocco 842

1038

Lenzima 604

Agritur. Maso Carpene

Cava di Pietra M. Garda 876

923

M. Garda

Castel Gresta

817

Parco Nat. del Manzano

Corniano

M. Fae 967

285

M.S. Giustina 753

Manzano
898
S. Rocco 825

Nomesino 787

Ravazzone 194

Mori Stazione

Valle S. Felice 587
Sant'Anna

M. Nagia Grom 786
717
S. Apollonia 679
648
M. Albano

Tre Pini

Piantino

La Laste
Pipel

Santuario di Montalbano

Cava di sabbia

Palazzo Castelbarco

Cerceni

Da Neni

Velodromo

Seghe Prime

Loppio

La Mela
Maraschino
Mori Vecchio

Mori 204

Seghe Ultime

Duchi's Bar
Casine 214

Molino del Palu

Cantina Sociale

Tierno

Maso Pallotta 583

Sottosengio

Grotta del Colombo

240

S. Marco

Maso Tranquillini 498

Sano 268

Bretonico

Castello Palt 350

Parco

717

Doss Morzenti 423

Ca Rossa 321

Besagno 390

Angola

1076
970

Dosso Alto 735
751

Monte Giovo 645
S. Rocco

Costa di Tierno

Cava di Pietra

1174

Castione 521

Talpina 443
499

1138
Frugnoni

Remul

557
495
Dos del Gal

Zinevrea 860

Castello di Dosso Maggiore

S. Cecilia

Nat

M.ga Campei di Sotto 1328

Pian di Festa

Penegie
Cortel
Fusei

Festa 885

Doss Robiom 909

Miramonti

1011
1057

Brentonico 692

Museo del Fossile
Palazzetto

Agritur. Passerini

Agritur. Brunori

Crosano 550

0   500m

Kulturtour 04

Monte Nagià Grom

Fünf Kirchen von Mori und ein Schauplatz historischer Gefechte

DAUER	4h 10min
LÄNGE	11,2 km
HÖHENMETER	710 hm
SCHWIERIGKEIT	MITTEL
MIT ÖPNV ERREICHBAR	ja

Das erwartet dich ...

Bis zur Kirche steigen wir einfach ein paar Stufen empor. Steile Serpentinen führen uns dann hinauf nach Nomesino. Das Mittelstück der Tour bewegt sich über Fahrstraßen und breite Waldpfade. Der Abstieg ist lang und kann an einigen Stellen anspruchsvoll werden. Bei den Drahtseilen und Schützengräben ist Trittsicherheit geboten.

Start & Ziel & Anreise

Unser Ausgangspunkt ist heute Mori. Mit dem Auto geht's über die A22 Richtung Süden. Wir verlassen die Autobahn an der Ausfahrt Rovereto Sud – Lago di Garda Nord und folgen der SP 90 rasch ins Zentrum von Mori. Um die Piazza Cal di Ponte gibt es mehrere Parkplätze. Von Bozen geht's mit dem Zug nach Trient. Hier weiter mit dem Bus B301 nach Rovereto. Von hier aus bringt uns der Bus B332 in Richtung Bolognano nach Mori.

Tourenbeschreibung

Wir beginnen unsere schöne Runde in Mori, an der Piazza Cal di Ponte neben der Pfarrkirche San Stefano. Wir queren den Kreisel und folgen der Via G. Modena aus dem Ort hinaus. Pflasterwege leiten uns bergan, dann rechts über grasige Stufen bis an eine T-Kreuzung. Wir folgen der Forststraße hier nach links hinauf zum Santuario di Montalbano. Die pompöse Turmuhr der Kirche ist einzigartig. Von oben erhaschen wir traumhafte Ausblicke auf Mori und das Etschtal. Hinter dem Gotteshaus bringen uns die senkrechten Felswände des Monte Albano zum Staunen.

Wir schlendern hinter dem Kletterpark auf dem Weg 670 an imposanten Kletterwänden vorbei. Steinige Serpentinen ziehen sich bald durch den Wald hinauf. Wir wandern an der Lichtung rechts am Holztor vorbei und folgen längs der Steinmauer, an der Weinplantage vorüber. Am Wegweiser folgen wir der Straße westwärts ins verschlafene Nomesino. Über die Via Romana geht's direkt von der Kirche aus sanft hinab ins Dörfchen Manzano.

Die Dörfer sind von Kalksteinfelsen dominiert und zeigen die für diese Region typischen Holzbalkone. Nach der Dorfkirche biegen wir an der Piazza Negrelli samt Brunnen links in die Via Armani ein. Geradeaus können wir einen Abstecher zur Kirche Santa Apollonia machen. Zurück an der Piazza halten wir uns links zum Ortsende. Nach der Bushaltestelle geht's erneut links zum letzten Aufstieg durch schattigen Wald. An der Weggabelung halten wir uns nochmals links zum Kreuz des Monte Nagià Grom.

Während einer Rast erkunden wir den Gipfel und ehemalige Kriegsstellungen. Auf einer Lichtung am Westhang befindet sich ein Kriegsmonument der Tiroler Standschützen. Wir folgen dem Hauptweg nach Süden hinab. An der Kreuzung halten wir uns geradeaus und folgen dem „Sentiero delle Trincee". Er führt uns über lange Schützengräben ins Tal. Steil zieht der Steig in spitzen Kehren hinab. Am folgenden Abzweig halten wir uns links. Danach überwinden wir einige drahtseilgesicherte Passagen in leicht ausgesetztem Gelände. Wir passieren zweimal den „Sentiero delle Laste", überwinden eine Steilstufe zu den Schützengräben und erreichen so wieder die Altstadt von Mori. Über die Via della Laste, die Via F. Filzi und die Via G. Garibaldi geht's zurück zum Ausgangspunkt.

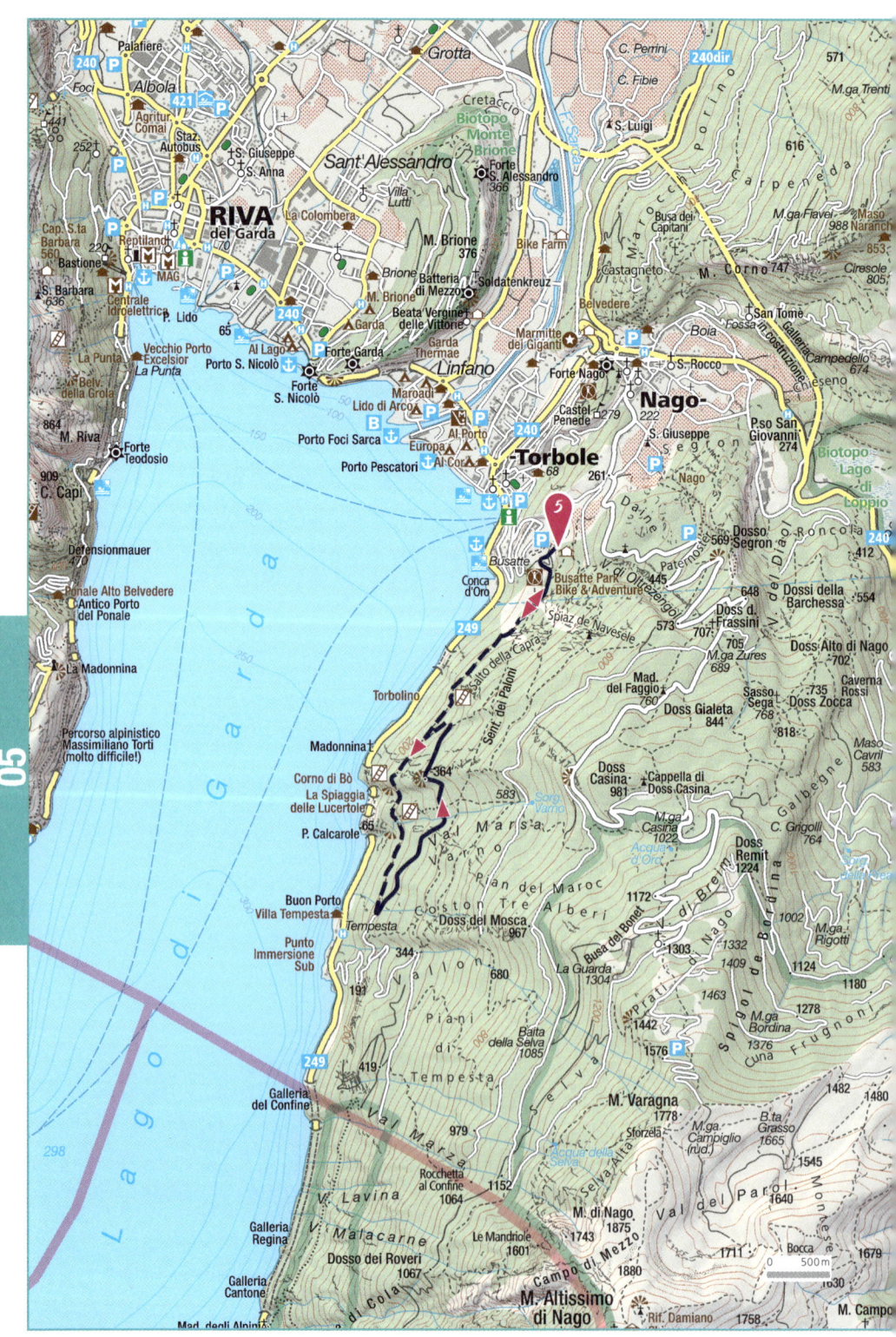

Panoramatour 05

Busatte-Tempesta
Spektakuläre Panorama Treppen über steile Abgründe

DAUER	2h 15min
LÄNGE	6,6 km
HÖHENMETER	395 hm
SCHWIERIGKEIT	LEICHT
MIT ÖPNV ERREICHBAR	ja

Das erwartet dich ...

Heute erwartet uns eine kurze, technisch kaum anspruchsvolle Wanderung. Schotterwege führen uns hinauf, auf kurzen und engen Eisentreppen geht's wieder steil hinab. Der gemütliche Sentiero Panoramico Busatte Tempesta folgt dem Ostufer des nördlichen Gardasees von Torbole nach Süden. Die kleine Runde ist ideal für den Frühling oder Herbst geeignet. An heißen Sommertagen sollte sie vermieden werden.

PREALPI
GIUDICARIE

GRUPPO
BONDONE-STIV

SS421

SS237

SS45bis

SS12

○ Arco

Riva
del Garda

5

○ Rovereto

SS240

SS240

SS240

SS12

Rete di riserve
Alpi Ledrensi

SR249

SS237

A22

SS45bis

Start & Ziel & Anreise

Los geht's im Parco delle Busatte nahe Torbole. Über die A 22 sausen wir mit dem Auto Richtung Süden. Mit der Ausfahrt Rovereto Sud/Lago di Garda Nord verlassen wir die Autobahn und folgen der SS 240 nach Torbole. Über die Via delle Busatte erreichen wir schließlich unseren Ausgangspunkt. Parkmöglichkeiten befinden sich direkt am Park.

Tourenbeschreibung

Eines der abenteuerlichsten Highlights des Gardasees befindet sich knapp 150 Meter oberhalb des Sees. Am Westhang des Monte Altissimo di Nago wandeln wir über ein aufwendiges System aus Treppenverbauungen. Die Route führt über Felsklippen und gibt unvergessliche Ausblicke frei – da spüren wir Adrenalin pur!

Wir starten am Parco delle Busatte. Der hübsch angelegte Spiel- und Sportpark erwartet seine Besucher mit BMX-Strecken und ebenen Wiesen. Ein gut beschilderter Weg führt uns in den Wald hinein zum Klettergarten Parco Aventura. Hier leitet die Route leicht links auf Schotter steil bergan. Wir passieren grobe Steine und Felsabstürze, dann verschmälert sich der Weg und fungiert im weiteren Verlauf als Fitnessparcours. An einigen schön gelegenen Bänken können wir in einer kurzen Rast wunderbare Seeblicke genießen. An den Abzweigen nach links richten wir uns stetig nach den Schildern „Tempesta". Nach ein paar leichteren Anstiegen folgen jeweils drei kurze Passagen über hohe Stahltreppen. Sie bringen uns mit Geländer versichert abenteuerlich über die felsigen Abgründe. Das ausgesetzte Gelände erfordert aber dennoch ein gewisses Maß an Schwindelfreiheit und Konzentration! Vorsicht ist auch geboten bei Gegenverkehr. Die Treppenanlagen bestehen aus fast 400 Stufen. Die Salt-Della-Cavra-Treppe hat 116 Stufen, die Treppe am Corno di Bò weist 238 Stufen auf und die Treppe Val Calcarole erwartet uns mit weiteren 33 Stufen.

Nach einer knappen Stunde erreichen wir an der Abzweigung nach Tempesta das Ende dieses atemberaubenden und spannenden Panoramaweges. Am anderen Ufer erwartet uns das Bergdorf Pregasina. Für den Rückweg wandern wir links weiter, auf einer breiten Schotterstraße und ohne Markierung hinauf. Kurz nach dem höchsten Punkt auf 365 Metern erwartet uns in einer Kurve ein fantastisches Panorama. Es eröffnet Blicke über den gesamten nördlichen Teil des Gardasees und die westlichen Gardaseeberge. Eine halbe Stunde nach dem Abzweig folgen wir dem Schild „Busatte". Dann treten wir nach einem Linksschwung in den Wald ein und erreichen so wieder den Panoramaweg. Er befindet sich knapp nördlich der längsten Treppe. Anschließend bringt uns die bereits bekannte Route wieder zurück zum Parco delle Busatte.

Canale
di Tenno
Calvola
642
Dos de la Cros
782
Novino
Vandrino

V. d.92°
Congresso
arrampicata!
220
370
Massone
S. Martino
Arco
S. Martino
102
121

Baone
Baore
S. Antonio
Vigne
Arboretum di Arco
Castello
di Arco
Galleria Civica
G. Segantini

Tenno
428
Cast. di Tenno
Frapporta
S. Maria
Cologna
365
S. Lorenzo
S. Rocco
Vecchia
Gavazzo
Nuova
Mazzano
Deva
Varone
Parco Grotta
Casc. del Varone
Pernone
Agritur.
Fiore d'Ulivo
Pasina

S. Marcello
Chiarano
Varignano
Santuario
delle Grazie
Ai Sabbioni
S. Sisto

ARCO
91
Stadio
Conv. dell'Add.
Caneve
Bolognano
130
Vignole
Dossi
Prato Saiano
C. Perrini

45bis
S. Giorgio
Ceole
Fangolino
S. Nazzaro
Girardelli
Palafiere
Albola
368
Foci
441
252
S. M. Maddalena

Grotta
C. Fibie
240dir
S. Luigi
616
Cretaccio
Biotopo
Monte
Brione
Sant'Alessandro
Forte
S. Alessandro
366
Busa dei
Capitani
Castagneto
M. Corno 747

Agritur.
Comai
Staz.
Autobus
S. Giuseppe
S. Anna
Reptiland
MAG
RIVA
del Garda
70

Villa
Lutti
M. Brione
Brione
376
Bike Farm
Soldatenkreuz
Belvedere
San Tomè
Fossa in Costruzione
Galleria

La Colombera
Batteria
di Mezzo
M. Brione

Beata Vergine
delle Vittorie
Marmitte
dei Giganti
Boia
S. Rocco

Cap. S.ta
Barbara
560
Bastione
220
S. Barbara
636
Centrale
Idroelettrica
P. Lido
65
Al Lago
Porto S. Nicolò
Forte
S. Nicolò
Forte Garda
Garda
Garda
Thermae
L'Infano
Forte Nago
Castel
Penede
279
S. Giuseppe
Nago
San Tomè
Nago-
Torbole
261
P.so San
Giovanni
274
Dosso
Segron
Dosso
Segron
569

Grotta
Daei
830
Belv.
della Grola
Bocca d'Enzima
M. Riva
864
V. Sperone
1090
909
C. Capi
La Punta
Vecchio Porto
Excelsior
La Punta
Maroadi
Lido di Arco
Europa
Al Porto
Al Corno
68
Nago
Dosso
Gialeta
844

Forte
Teodosio
Porto Foci Sarca
Porto Pescatori
240
249
Busatte
Park
Bike & Adventure
445
648
Doss d.
Frassini
707
705
M.ga Zures
689

Defensionmauer
Calchera
Ponale Alto Belvedere
Antico Porto
del Ponale
La Madonnina

Lago di Garda

Conca
d'Oro
Spiaz de Navesele
573
Sasso
Sega
768
Doss
Zocca
818

Pregasina
532
Percorso alpinistico
Massimiliano Torti
(molto difficile!)
503
Dos de Cala
577
Surf Hotel Pier

Torbolino
Madonnina
Corno di Bò
La Spiaggia
delle Lucertole
P. Calcarole
65
364
583
Val
Marsa
Mad.
del Faggio
760
M.ga
Casina
1022
Doss
Casina
981
Cappella di
Doss Casina
Acqua
d'Oro
Neimt
1224
1172
Pian del Maroc
di Brei
Galbegne
Gs. Grigoli
764

0   500m

06

Bergtour

Monte Brione
Kriegsfestungen, Fledermaushöhlen und geniale Weitblicke

DAUER	2h 15min
LÄNGE	6,1 km
HÖHENMETER	295 hm
SCHWIERIGKEIT	LEICHT
MIT ÖPNV ERREICHBAR	ja

Das erwartet dich ...

Nicht nur aufgrund ihrer Kürze gestaltet sich die Wanderung als recht einfach. Die Anstiege verlaufen über Stufen oder Schotterwege. Im Abstieg erwarten uns steilere Routen über Pfade und Pflasterstraßen. An den Felsabbrüchen sollten wir – besonders wenn Kinder dabei sind – Vorsicht walten lassen.

Start & Ziel & Anreise

Unsere kurze Wanderung beginnt heute in Riva. Genauer gesagt am Yachthafen Porto San Nicolò. Über die A22 geht's bis zur Ausfahrt Rovereto Sud. Die SS 240 bringt uns über Torbole nach Riva del Garda. Kostenfreie Parkmöglichkeiten gibt es in der in der Via Monte Brione. Von Trient fahren die Busse B205 oder B204 nach Riva del Garda.

Tourenbeschreibung

Der Monte Brione ist ein kleines Mittelgebirge im unteren Sarcatal – ein Hügel, der wie eine natürliche Aussichtsplattform auf den Gardasee wirkt. Er erhebt sich zwischen Riva und Torbole und hat seinen Ruf als Panoramaberg zu Recht verdient. Der schönste Streckenabschnitt ist eindeutig der Aufstieg.

Wir starten nördlich vom Yachthafen Porto San Nicolò. Beim Zebrastreifen queren wir die Hauptstraße, dann halten wir uns rechts an der Kirche durch einen Torbogen hindurch. Einige Stufen führen hinauf zur Schautafel über den „Sentiero della Pace". Wir steigen rechts direkt am senkrechten Felsabhang über Stufen und Holzbohlen empor. Dann passieren wir die Ruine Forte Garda – hier können wir wählen: entweder über Stufen oberhalb oder auf einem Waldweg unterhalb der Gemäuer. Die beeindruckende Aussicht auf Torbole, Nago und den Gardasee lädt an ein paar Bänken, die sich wagemutig direkt am gesicherten Abgrund befinden, zum Verweilen ein.

Wir folgen dem sandig bis steinigen Boden und einigen Steintreppen am Zaun über den Ostkamm zu einem großen Betonbunker: Der Festung Batteria di Mezzo. Vom Dach aus hat man eine tolle Aussicht ins westliche Sarcatal, auf Riva und den See. Ein wenig Vorsicht ist aber geboten, denn der schöne Platz ist nicht gesichert. Geradeaus wandern wir weiter zu einem Soldatenkreuz, dem Gipfelkreuz des Monte Brione. Dann kehren wir zurück zur Batteria und folgen zwei Kehren rechts hinunter zur Forststraße. Wir schlagen die kürzere Variante aus und wenden uns rechts nach Norden. Kurz darauf zweigt rechts ein breiter Waldweg ab. Er führt uns hinauf zu den zugewachsenen Ruinen des Forte Sant'Alessandro.

Ein schmaler Geröllpfad links der Mauerreste leitet uns über steile Serpentinen durch den Wald hinab. Eine viertel Stunde später stoßen wir auf einen gepflasterten Fahrweg. Er schlängelt sich in weiteren Serpentinen durch Olivenhaine zurück in die Ebene. Achtung, auf dem Kiesweg kann es bei Nässe rutschig werden. Im Ortsteil Sant'Alessandro verlassen wir die Kreuzung geradewegs in die Via S. Mazzoldi. Dann geht's über den Zebrastreifen in die schmale, autofreie Via Longa. Beim ehemaligen Schloss La Colombera können wir in rustikalem Ambiente eine Pause einlegen. Der Weg führt weiter zur Kirche Santi Pietro e Paolo und weiter geradeaus auf dem Fußweg der Via Longa. Nach einigen Hotels queren wir die SS 240, dann halten wir uns links über den Parkplatz zurück zum Yachthafen Porto San Nicolò. Zum Abschluss lohnt sich der Besuch des hübschen Forte di San Nicolò.

Autoren Tipp

Der Monte Brione ist nicht nur für Wander-, sondern auch für Naturfreunde ein tolles Erlebnis: Der westliche Teil des sichelförmigen Berges ist bewaldet, während die Ostflanke mit mächtigen Felswänden senkrecht abfällt und als Biotop vielen Vögeln einen Nistplatz sichert. Zudem kann man nördlich der Antennen im dichten Wald einige Fledermaushöhlen entdecken.

07

Dosso d'Enziana
1973
La Rocchetta
M.ga Nardis
1784
Spiazzi del Gal
Fontaine
Spessoni
1443
Tom Bus
P.so Ballino
763
Strada dei Russi
1531
576

Pra dei Camosi
Il Pinzon
1534
Selva degli Olmi
Saiand
835
Ballino
756
ex M.ga Fiavè
ex Rif. Misone
1612
1253
Le Porcil
Val di Misone

Grotta la Camerona
Castil Alto
Sella del Misone
1585
Vespana
810

Valle dell'Inferno
M. Lione
1339.
Resina
706
Seghe
Laghisoli
800
La Canal
Castil
M.ga di Tenno
(M.ga di Misone)
1573
Pozza del Prete

Clocia
M. Misone
1803
Vedese
954
Bondiga
856
Tovo

M. Vender
1506
Sanderland
Sella di Castiol
1350
Treni
835
Croce di Bondiga
883
1134.
C. Nanzone

Sentiero bloccato!
Ponte Tibetano
570
Lago di Tenno
Sella di Calino
966
Calino
1067
M. S. Pietro

M.ga Magnone (rud.)
Crosso-dromo
Mattoni
Ville del Monte
556
Frioc
Bastiani
Rif. M. Calino
S. Pietro
974
Ranciom
Padaro

Bocca Magnone
1516
Lago di Tenno
S. Antonio
Canale di Tenno
Calvola
642
Dos de la Cros
782
Novino
Vigne
Varignano

C. Salti
1375
Pranzo
458
San Leonardo
Vandrino
Rif. Capanna Grassi
1056
M.ga Pranzo
1045
M.ga Grassi
1047
C. Penel
1207
Tenno
428
S. Maria
421
Cologna
Vecchia Gavazzo
Santuario delle Grazie

M. San Martino
1084
Zona Archeologica
Cast. di Tenno
Frapporta
S. Lorenzo
S. Rocco
Nuova
Mazzano
Ceole

Parisi
743
Zumiani
Campi
688
Cazzoli
613
M. Tombio
847
Parco Grotta
Casc. del Varone
Deva
Varone
Fangolino
Pasina

M. di Coi
1464
1427
S. Rocco
Lavaroni
724
Zucchetti
604
Pernone
Fiore d'Ulivo
S. Nazzaro
S. Giorgio

Bocca di Dromaè
1693
M.ga Dromaè
1522
M.ga Campio
1120
Pinza
486
368
Girardelli
Palafiere
240
Foci
Albola
Staz Autobus
S. Giuseppe
S. Anna
Sant'Alessandro

Eli Dromaè
1405
C. d'Oro
1802
Bocca Giumella
1410
C. SAT
1246
Torr. S. Giovanni
S. M. Maddalena
252
421
Reptiland
RIVA del Garda
70
La Colombera

Sella
1435
M.ga Giumella Superiore
1496
Osservatorio
1690
Rocchetta
Cap. S.ta Barbara
0   500 m

Lago di Tenno

Wanderung in mittelalterlichem Ambiente bei Canale

Familientour 07

DAUER	3h 15min
LÄNGE	9,2 km
HÖHENMETER	345 hm
SCHWIERIGKEIT	LEICHT
MIT ÖPNV ERREICHBAR	ja

Das erwartet dich ...

Die familienfreundliche Wanderung führt uns abwechslungsreich über Schotter- und Naturwege. Manchmal auch auf Kopfsteinpflaster. Nach dem schönen mittelalterlichen Dorf Canale di Tenno wartet der schöne Lago di Tenno mit einem erfrischenden Bad. Zwischendurch bieten sich immer wieder wunderschöne Panoramablicke.

Start & Ziel & Anreise

Wir beginnen die Rune am Castello di Tenno in Tenno. Parkmöglichkeiten gibt es in der Via di Soprè gegenüber vom Albergo. Mit dem Auto erreichen wir Canale di Tenno über die Strada Statale 421 aus nördlicher Richtung. Von Riva del Garda fährt stündlich der Bus Nr. 861 bzw. 862 nach Canale di Tenno.

Tourenbeschreibung

Im Osten von Canale wandern wir vom Castello di Tenno über die Hauptstraße SS 241 in den Ort hinein. Die Via Prati und der Weg Nr. 401 lassen uns nach links abbiegen, über einen Platz in die Via D. Alighieri. Wir laufen durch ein Tor und dann durch den Ortskern bis zur Hauptstraße. Hinter der Bushaltestelle folgen wir einem Schotterweg halblinks. Dabei begleiten uns schöne Blicke auf Pranzo/ Tenno. An der folgenden Gabelung, an der auch ein Brunnen steht, biegen wir rechts ab. Kurz hinter der Kirche San Antonio gelangen wir abermals zur SS 241. Wir begleiten sie nach links und überqueren sie am dritten Zebrastreifen. Dann wandern wir nach rechts über ein Kopfsteinpflaster ins mittelalterliche Canale di Tenno, einem der schönsten Dörfer Italiens.

Für eine kurze Besichtigung schlendern wir durch den Ort, dann verlassen wir ihn mit der Markierung Nr. 406 durch einen Torbogen bis zur Rastbank „Frioc".

Am Imbiss vorbei und über einen Schotterweg hinab erreichen wir den schönen Badestrand des Lago di Tenno. Gegenüber winkt uns die einzige Insel des Sees zu. Wir wandern am östlichen Ufer auf befestigtem Weg oder schmalem Uferpfad entlang, wie es uns beliebt. Das felsige Nordufer umgehen wir. Stufen führen uns ins Kiesbett hinunter, dann wandern wir gegenüber zwanzig Meter über dem Ufer bis zum Kiesstrand. Schließlich endet der Rundgang um den See am Imbiss. Der Weg zurück nach Canale führt uns wieder über denselben Weg retour, durch den Ort hindurch. Noch vor der Straße erreichen wir halblinks gewandt in einer leichten Steigung ein paar Metallstrommasten und kurz darauf das verträumte Calvola.

Am Brunnen halten wir uns halblinks und wandern dann rechts um die Kirche. Ein Kopfsteinpflaster führt uns steil hinab auf der Markierung Nr. 401, stets links gewandt. Der anschließenden Querstraße folgen wir kurz nach links und am Parkplatz wandern wir rechts zur Schautafel hinunter. Ein letzter, lohnenswerter Abstecher nach links führt uns über den „Percorso Didattico" durch den Bussè-Wald bis zum Punto Panoramico.

ARCO
RIVA del Garda
Tenno
Padaro
352

Rif. M.Calino
S. Pietro
974
Ranciom

dromo
Mattoni
Ville del Monte
556
Frioc
Lago di Tenno

S. Antonio
Canale di Tenno
Calvola
642

Baone
Vigne
S. Antonic
S. Marcello
Varignano

C. Salti
1375
La Pineta
Pranzo
458
San Leonardo
Dos de la Cros
782
Novino

Santuario delle Grazie
Ai Sabbioni

M.ga Grassi
1047
C. Penel
1207
M. San Martino
1084
Zona Archeologica
Cast. di Tenno
Frapporta
S. Maria
Cologna
421
S. Lorenzo
S. Rocco
Vecchia
Gavazzo

45bis

Parisi
743
Zumiani
Campi
688
Cazzoli
613
Parco Grotta
Casc. del Varone
Deva
Nuova
Mazzano
Ceole
Grotta

1427
766
S. Rocco
Lavaroni
M. Tombio
847
Zucchetti
604

Varone
Pernone
Agritur.
Fiore d'Ulivo
S. Nazzaro
Pasina
S. Giorgio

1010
Doss del Tione
724
Dossi delle Fiatte
Roncaglie

Girardelli
Palafiere
240
S. Giuseppe
S. Anna
Sant'Alessandro
Villa Lutti

M.ga Campio
1120
1672
1380
1216
Pinza
486
368
Foci
S. M.
Maddalena
421
Agritur.
Comai
Staz. Autobus
S. Giuseppe
La Colombera

Val Mera
441
Torr. S. Giovanni
252
Reptil-land
RIVA del Garda
170
M. Brion
371

C. d'Oro
1802
M.ga Giumella
Superiore
1496
Bocca Giumella
1410
Dos di Zuccher
1206
1314
1396
Cap. S.ta Barbara
560
MAG
Brione
M. Brione
Batteria di Mezzo

1538
C. SAT
1246
636
Centrale Idroelettrica
P. Lido
65
Al Lago
Garda
Beata Vergine delle Vittorie

Cima Valdes
1577
Rocchetta
Giochello
1519
S. Barbara
La Punta
Vecchio Porto
Excelsior
La Punta
Porto S. Nicolò
Forte Garda
Garda Thermae
Linfano

Val Des
Bochet dei Concoli
1207
Grotta
Daei
1301
830
Bocca d'Enzima
Belv. della Grola
Forte S. Nicolò
Porto S. Nicolò
Al Porte
Maroadi
Lido di Arco

M.ga Giumella
Inferiore
1011
974
Bocca Pasumer
C. Rocca
1090
V. Sperone
909
M. Riva
864
Forte Teodosio
Porto Foci Sarca
Europa
Al Cor.
Porto Pescatori

Mad. Addolorata
661
S. Giovanni
Biv. Arcioni
858
C. Capi
Defensionmauer

Biacesa
418
Le Grotte
240
657
Calchera
Ponale Alto Belvedere
Antico Porto del Ponale

Calchera
Mad. del Cinale
615
Pescicoltura Armanini
(Fischverkauf)
Nodice
859
Bocca da Lè
805
La Madonnina

S. Valentino
Leano
888
S. Antonio
Pregasina
532
C. Strussia 1238
Cima Bal 1259
503
Dos de Cala
577
Percorso alpinistico
Massimiliano Torti
(molto difficile!)

Madonna
0   500 m

Torbolino
24
Corno di Bò
La Spiaggia delle Lucertole
364

08
Wasserfalltour

Wasserfall Ert
Naturschauspiel auf dem Weg zur Barbara Kapelle

DAUER	3h 50min
LÄNGE	9,4 km
HÖHENMETER	735 hm
SCHWIERIGKEIT	MITTEL
MIT ÖPNV ERREICHBAR	ja

Das erwartet dich ...

Heute wandern wir über bequeme Forststraßen und wunderbare Waldpfade. Dabei hat die Tour viel zu bieten: Stadt, Naturschauspiel, Abenteuer und reizvolle Ausblicke. In der Schlucht warten gesicherte Felsenpassagen auf uns, die leicht ausgesetzt sind. Hier müssen wir Vorsicht walten lassen, auch Schwindelfreiheit ist sicherlich von Nutzen. Der Steig zur Kapelle ist sehr steil. Insgesamt ist die Route bestens ausgeschildert.

Start & Ziel & Anreise

Unser Ausgangspunkt liegt in Riva del Garda, direkt bei der Touristeninformation. Über die A 22 geht's bis zur Ausfahrt Rovereto Sud. Die SS 240 bringt uns über Torbole nach Riva del Garda. Kostenfreie Parkmöglichkeiten gibt es in der in der Via Monte Brione. Von Trient fahren die Busse B205 oder B204 nach Riva del Garda.

Tourenbeschreibung

Wir schlendern zunächst westlich der Tourismusinformation auf der Viale d. Liberazione durch eine schöne Allee. Am Stadtplatz halten wir uns links zum Ufer hin. Wir passieren Reptiland und spazieren am See rechts zur Piazza 3 Novembre. Wir halten uns halblinks bergan durch die Via Fiume, passieren das Stadttor Porta San Marco und biegen links auf die Via Bastione ab. Am Kreisel queren wir die Hauptstraße und halten uns dann links, bald in steilen, gepflasterten Kehren auf dem Weg Nr. 404 hinauf. An der oberen Gabelung stoßen wir auf den Forstweg mit der Nr. 402. Wir folgen ihm nach rechts, sanft ansteigend, bis wir auf den Wegweiser „Foci" treffen. Hier geht's rechts zum Kirchlein Santa Maria Maddalena.

Ein herrlicher Weg leitet uns unmarkiert weiter abwärts. Vor uns erheben sich die mächtigen Felswände des Monte Tombio. Am Wegweiser „434" führt die Route nach links Richtung Campi bergan. Dann schwenken wir scharf nach links und steiler bergauf. Nach einer mit Tritten gesicherten Steilstufe erreichen wir Laste Basse, einen mit Drahtseilen gesicherten Felsabschnitt. Vorsicht, hier ist es teils rutschig und ausgesetzt. Der Mühe Lohn ist der spannende Wasserfall Ert, der uns in seinen Bann zieht.

Nach einer kurzen Rast folgen wir an einer T-Gabelung vor der 2. Brücke links einem unmarkierten Pfad hinauf. Wir passieren ein Pumpwerk und folgen den Kehren bis zum breiten Forstweg. Nach der Ruine Chiesa-Torre San Giovanni erhaschen wir schöne Blicke auf Riva. Dann bringt uns eine asphaltierte Straße bis zu einer Linkskurve. Wir gehen geradeaus bis zum Straßenende, dann biegen wir scharf rechts auf den Waldpfad Nr. 404 ab. Die steilen Serpentinen bringen uns zügig hinauf zur Capanna Santa Barbara mit Terrasse. Über grobe Steinblöcke steigen wir weiter steil bergan. Dann stehen wir – kurz nach einem Abzweig – hoch über Riva an der schmucken Kapelle Santa Barbara. Wir erlauben uns eine ausgiebige Rast am schönen weißen Bauwerk.

Nach Riva geht's auf gleichem Pfad zurück. Am Forstweg halten wir uns kurz links, dann leiten uns rechts zahlreiche Stufen steil hinab zur Bastione. Hier erwartet uns eine kleine Bar mit fantastischem Stadtblick. Die spitzen gepflasterten Kehren führen auf bekanntem Weg zurück ins Zentrum von Riva.

RIVA
del Garda

Vecchia
Gavazzo-
Nuova

S. Rocco
S. Lorenzo
Santuario
delle Grazie
Ceole
Mazzano
Parco Grotta
Casc. del Varone
Deva
Pernone
Agritur
Fiore-d'Ulivo
Varone
Fangolino
Pasina
Girardelli
Palafiere
S. Nazzaro
La Colombera
Foci
Agritur
Comai
Staz.
Autobus
S. Giuseppe
S. Anna
Sant'
Alessandro
Torr. S. Giovanni
S. M. Maddalena
Cap. S.ta
Barbara
Reptilandia
S. Barbara
Bastione
MAG
Forte
Garda
Garda
Centrale
Idroelettrica
Vecchio Porto
Excelsior
La Punta
Porto S. Nicolò
Forte
S. Nicolò
Grotta
Daei
Belv.
della Grola
Bocca d'Enzima
Forte
Teodosio
C. Rocca
M. Riva
864
V. Sperone
Biv. Arcioni
858
C. Capi
Le Grotte
S. Giovanni
Biacesa
418
Defensionmauer
470
Pescicoltura
Armanini
(Fischverkauf)
Calchera
Ponale Alto Belvedere
Antico Porto
del Ponale
Nodice
859
La Madonnina
Pregasina
Percorso alpinistico
Massimiliano Torti
(molto difficile!)
Dos de Cala
577
Surf Hotel Pier
Buon Porto
Villa Tempesta
Punto
Immersione
Sub
M. Carone
1621
C. della Nara
1376
Passo Chiz
1276
M.ga
Palaer
949
M. Guil
1322
Bocca
Larici
M. Palaer
881
P.ta Larici
Corno di Reamol
Capo Reamòl
Reamol Sopra
Reamol Sotto
Galleria
del Confine

Molina
di Ledro
638
Barcesino
Mad.
Addolorata
661
Pre
480
Legos
665
Calchera
Mad. del Cinale
615
S. Valentino
Leano
888
S. Antonio
C. Strussia 1238
Cima Bal 1259
C. di Vil
1580
M.ga Vil
1110
P. di Mois
1371
Passo
Guil
1209
Dosso
Ravizzola
906
Valacco
P.to Ristoro
(chiuso)
P. Camino
1008
C. Mughera
1161
Cascata

Campi
688
Cazzoli
613
S. Rocco
Lavaroni
M. Tombio
847
M. di Coi
1464 1427
766
724
M.ga
Campio
1120
Zucchetti
604
Doss del Tione
Bocca di Dromaè
1693
Pinza
486 368
Torr. S. Giovanni
C. Sclapa
1885
Eli
Dromaè
1405
C. d'Oro
1802
M.ga Giumella
Superiore
1496
Osservatoio
1690
Sella
1435
Bocca
Giumella
1410
Dos di Zuccher
1206 1314
1396
C. SAT
1246
Rocchetta
Giochello
1519
Cima Valdes
1577
M.ga Giumella
Inferiore
1011
Bochèt
dei Concoli
1207
Bocca Pasumer
974
Bocca del Bal
830
909
Val d'Oro
Val del Barcesino
Val Giumella
Vallera
Valle Giumella
Val Des
Val Meri
Val Grande
L'Oltra
0 500m

Klettersteig 09

Cime Capi & Rocca
Leichtes Klettersteigvergnügen hoch über Biacesa

DAUER	5h 15min
LÄNGE	6,5 km
HÖHENMETER	875 hm
SCHWIERIGKEIT	SCHWER
MIT ÖPNV ERREICHBAR	ja

Das erwartet dich ...

Schmale Waldpfade führen uns zunächst zum Einstieg des ersten Klettersteiges. Die aneinanderhängenden Klettersteige gehören zur leichtesten Kategorie, sind aber dennoch bestens gesichert und markiert, nicht sehr ausgesetzt, aber sehr steil mit kurzen Kraxelpassagen. Trittsicherheit und Schwindelfreiheit sind also unbedingt von Nöten. Bei Nässe sollte der Steig gemieden werden. Taschenlampe, Klettersteigset und Wasser gehören heute unbedingt zur Ausrüstung.

SS237 · SS45bis · SS12

○ **Arco**

SS240 · **Riva del Garda**

○ **Rovereto**

Rete di riserve **Alpi Ledrensi**

SS240 · SS240 · SS12

SS237 · SR249 · A22

SS45bis

Idrosee

PREALPI GARDESANE SUD-OCCIDENTALI

CATENA DEL BALDO

Start & Ziel & Anreise

Der Ausgangsort unseres heutigen Kraxelabenteuers ist Biacesa. Von der A22 Richtung Süden nehmen wir die Ausfahrt Rovereto Sud. Über die SS240 geht's über Torbole und Riva del Garda nach Biacesa di Ledro. Parkmöglichkeiten gibt es in der Via Guiseppe Cipelli. Von Riva del Garda fährt der Bus B214 in Richtung Tiarno di Sopra. Haltestelle ist Biacesa.

Tourenbeschreibung

In Biacesa halten wir zunächst nach den Tafeln „417" Ausschau. Wir gehen durch die Via dei Toiane und schwenken dann halblinks durch die Via per Caregna. Vor uns erhebt sich das gewaltige Horn der Cima Rocca. Beim Wegkreuz am Ende des Ortes geht's rechts auf den „Sentiero di Bech". Er ist mit der Nummer 470 gekennzeichnet. Schöne Waldserpentinen führen uns ins Ledrotal hinein. Wir passieren eine ehemalige Kriegsstellung, dann schwenken wir links auf den Steig Nr. 405 bis zum Einstieg des Klettersteiges „Fausto Susatti". Die Ausrüstung ist hier nicht zwingend, aber doch zu empfehlen.

Wir hangeln uns an den Drahtseilen steil hinauf zum aussichtsreichen Gipfel der Cima Capi – anstelle des Kreuzes weht hier eine Flagge. Die Route führt nach Nordwesten, steil hinab durch Laufgräben. Nach dem Heli-Landeplatz geht's an der Gabelung rechts auf einen weiteren, recht schmalen und steilen Klettersteig.

Leicht exponiert führt er zu einem Abzweig, an dem wir uns links halten mit der Wegnr. 405B. Am Bocca Pasumer führt der Weg erneut links, jetzt mit der Markierung 471. Steil steigen wir durch die Schützengräben empor. An der nächsten Weggabelung haben wir die Wahl: Weg Nr. 471 leitet durch ein dunkles, enges, aber gut markiertes Stollensystem – eine tolle Abkühlung an heißen Tagen. Wir aber folgen dem Weg Nr. 471A über Eisenstufen und Drahtseile direkt zum Gipfel der Cima Rocca.

Nach einem atemberaubenden Rundumblick kraxeln wir über Steighilfen auf dem „Sentiero attrezzato Camminamenti" bergab. Wir durchqueren einen kurzen Schacht, dann klettern wir eine 5 m hohe Leiter in einen Stollen hinab. Hier benötigen wir die Stirnlampe. An Drahtseilen entlang hangeln wir uns hinab bis zur Weggabelung, vorbei an der Kapelle San Giovanni. Links steht das Bivacco Arcioni. Kurz davor halten wir uns wieder auf der Nr. 471 steil abwärts. Zwischendurch müssen wir auch mal kraxeln. Erneut stoßen wir auf ehemalige Kriegskavernen. Am Abzweig halten wir uns links auf den Klettersteig „Sentiero attrezzato delle Laste" mit der Nr. 471. Eisenleitern, Drahtseile und Haken helfen uns, die steilen Abgänge durch die Rinnen zu meistern. Am Ende des Klettersteiges treffen wir wieder auf den bekannten Weg Nr. 470. Der „Sentiero die Bech" bringt uns rechts zurück nach Biacesa.

10

1699 1683

Rif. Capanna Grassi 1056

M.ga Grass 1047

1136 1475 V. dei Morti 1478

1242 1758

S. Silvestro 948 1353 V. dei Pozzi 1791

Lenzumo 788 808 V. da Vai 908 1208 Dosso di Seaol

Elda Dos di Preghen Dós da Trat 1841

Bocchetta de Zon 1174 1110 M. Caret 1793 Bocca di Savàl 1740 Baitone di Gelós 1464

M. Naé 1240 Enguiso 760 Mosas 1251 M.ga Savàl 1687 M. di Coi 1464 1427

Sent. Trincee 1198 Dosso Cavassapia 1055 968 1280 M. Tomeabru 1734 C. Pari 1990 1644 C. Sclapa 1885 Bocca di Dromae 1693

S. Martino 745 Spessa 857 1354 M. Cocca 1404 1478 M.ga Dromae 1522 1672

Locca Ravel 1023 Cornese Coste Bariolo V. di Dromae F.lli Dromae 1405 C. d'Oro 1802

Bezzecca Mad. di Lourdes 695 Museo Garibaldino Pieve di Ledro 665 Alla Valle 822 Ghinova La Sela Sella 1435 Osservatorio 1690 161

772 Ossario Garibaldino Museo Garibaldino Dasca 711 Fiore di Bella 852 Mad. di Besta

P.te di Dalena Baita S. Lucia M. Sarbano 1299 Lago di Ledro (655) 658 655 Mezzolago Al Sole Panchina Gigante

Museo Farmaceutico Azzurro Al Lago V. di Casso Grotte degli Osseri 1040 F.lli S. Martino 1157 1022 Museo delle Palafitte

M. Corno 1732 1657 1310 S. Martino 1228 Bochet de la Spinera V. gio Turistico Pur Calchera Colonia Molina di Ledro 638 Barcesino

1769 Val Pubregno Val di Pur Al Sarbioni 662 677 Calchera Doss de Trat 982 Me 795 Legos 665 Com. Ledro Mad. Addolorata 661

S. Anna 1244 Cà de Mez 1238 1318 M. d. Fogge Maroni 714 Traversera Rinas Ranco Volta Pre 480 Calchera

1689 M.ga Tremalzo di Molina 1543 M.ga Cita 746 Pian di Pur 1022 Martinel 1082 Cretegn 1074 Rigaselva 1245 1228

Scaglia Val Marcia V. del Cor V. Coveone V. Tiveign Fontanine Val Casarino Cadrione Corona C. di Vil 1580 M. Carone 1621

Val Pur Casine C. Tiveign 1523 1137 1226

Corno di Marogna 1952 1863 1787 Bocca di Val Marza C. Tuflungo Passo dei Gaton 1710 1637 C. Avrinone 1523 Pso Pra della Rosa 1446 1384 M. Nota Rif. d. Alpini Pso Nota 1200 1208 C. Bandiera 1362 M.ga Bestana Bocca dei Forini 1245 C. Carlotta Baita B. Segala

V. Tuflungo Fratelli Pedercini Cimitero di Guerra 1274 Passo di Bestana M. Carone

0 500 m

Badetour 10

Lago di Ledro
Seerunde zu archäologischen Pfahlbauten

DAUER	3h 10min
LÄNGE	10 km
HÖHENMETER	97 hm
SCHWIERIGKEIT	LEICHT
MIT ÖPNV ERREICHBAR	ja

Das erwartet dich ...

Die Wanderung führt uns über genussvolle Promenaden auf einfachen Fahr- und Schotterwegen am Ufer entlang zu einem wahrlich bilderbuchhaften See. Es gibt kaum Steigungen und auch nur wenig Verkehr, nur an der SS 240 ist ein wenig Vorsicht geboten. Unterwegs erwartet uns das Museo delle Palafitte. Das UNESCO Weltkulturerbe zeigt die Reste einer der bedeutendsten Pfahlbautensiedlungen Europas.

Start & Ziel & Anreise

Der Ausgangspunkt liegt in Pieve di Ledro; Parkplätze gibt es am Kreisverkehr beim Hotel Sport. Mit dem Auto erreichen wir den Ort vom Gardasee aus über die Strada Statale 240. Von Riva del Garda fährt alle zweieinhalb Stunden der Bus B214 Richtung Tiarno di Sopra. Haltestelle ist Pieve di Ledro.

Tourenbeschreibung

Wir beginnen in Pieve di Ledro an der kleinen Kapelle. Nach rechts laufen wir über die Fußgängerzone an Post und Dorfkirche vorbei und über die Via Vittoria zum Ortsausgang. Über die SS 240 hinüber erreichen wir über das Hotel Lido die Strandpromenade, an der wir nach rechts laufen, bis wir kurz vor dem Supermarkt Coop nach links über die Bachbrücke abbiegen. Weiter geht es am Ufer entlang, an zwei Campingplätzen vorbei und nochmals über eine Brücke. Dann folgen wir der Via Alzer nach links auf einem markierten Weg. Nach der Marina links folgen wir dem Schotterweg hinauf durch einen Buchenwald. Die asphaltierte Via Val Maria bringt uns in den Ort Pur. Ein schöner Weg ergibt sich, indem wir über die Liegewiese des Naturstrandes laufen. Zugleich ist hier ein geeigneter Ort zum Baden.

Über den Torrente Sat wandern wir gut 2 km entlang der verkehrsarmen Straße. Wir laufen bis zum Museo delle Palafitte, dem Pfahlbautenmuseum, an der Uferseite in Molina. Der Besuch hier lohnt sich! Dann wenden wir uns auf dem Gehsteig nach links, neben der SS 240 entlang über einen Parkplatz. Links wenden wir uns über den Kies hinunter zur Uferpromenade, an einer breiten Liegewiese mit Spielplatz vorbei. Auf dem neu angelegten, markierten Uferweg laufen wir über einen Holzsteg am Campingplatz Al Sole und ein paar Rastplätzen vorbei. Nachdem wir die Hauptstraße überquert haben, laufen wir kurz nach rechts, dann bringt uns die Via Belvedere nach links hinauf. Nach einer Villa mit einem Turm, und begleitet von schönen Blicken über den Ledrosee und den Monte Corno, schlendern wir geradeaus durch das idyllische Mezzolago. Das Dörfchen hat eine sehr schöne Kirche und ist als Handwerks- und Künstlerdorf bekannt. Am Ortsende überqueren wir noch einmal die verkehrsreiche Straße und wandern auf einem schönen Panoramaweg entlang des Seeufers. Vor dem Hotel Lido halten wir uns rechts, am Parkplatz vorbei und auf dem bekannten Anfangsweg zurück nach Pievo di Ledro.

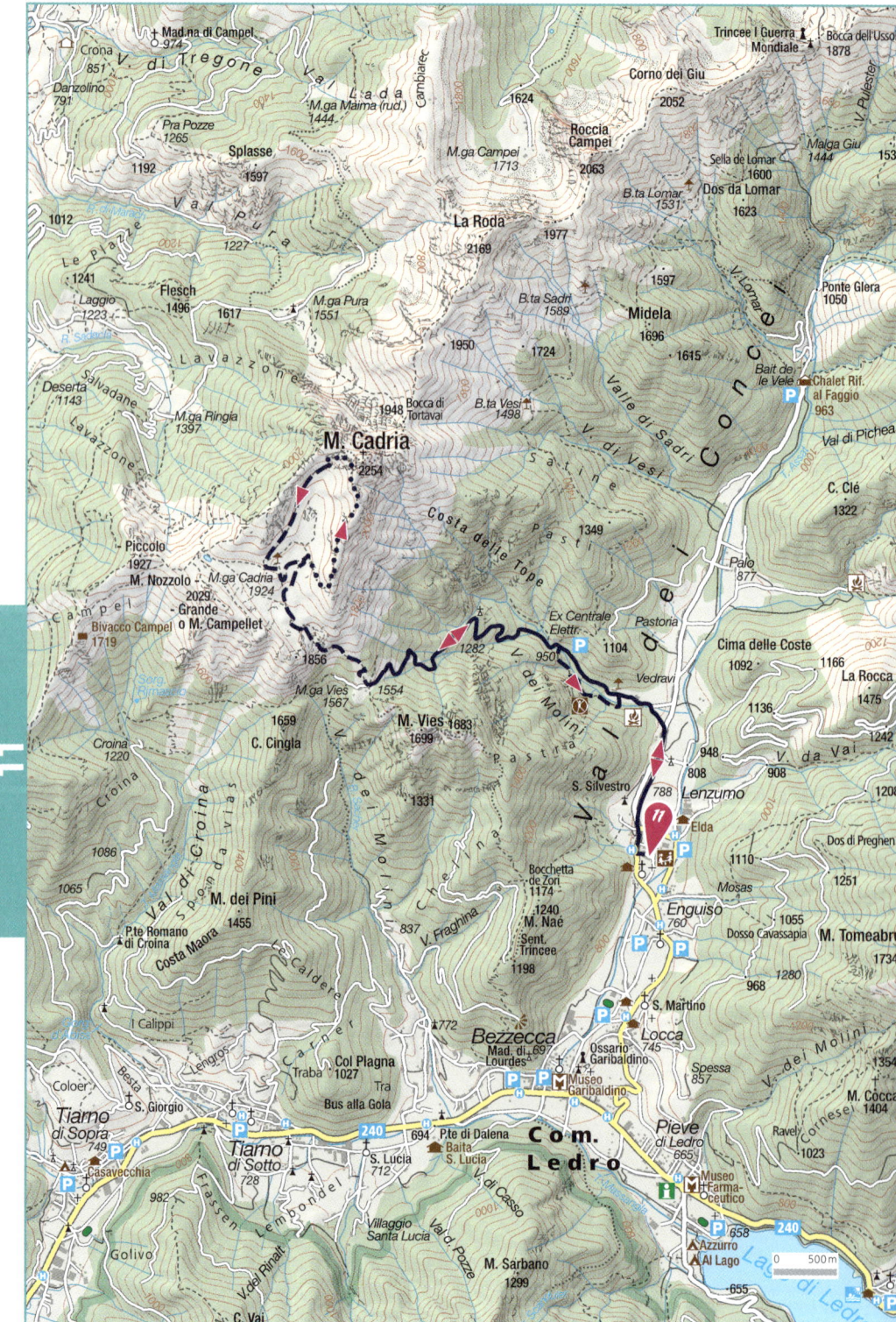

11

Gipfeltour

Monte Cadria
Kleiner Gipfel ganz groß – Primus der Gardaseeberge

DAUER	7h 30min
LÄNGE	14,8 km
HÖHENMETER	1475 hm
SCHWIERIGKEIT	SCHWER
MIT ÖPNV ERREICHBAR	ja

Das erwartet dich ...

Heute erwartet uns ein langer, anstrengender Anstieg auf einer steilen asphaltierten Strecke durch den Wald. Enge Serpentinen ermöglichen uns einen aussichtsreichen Flankenwechsel. Am Steilhang direkt unterhalb des Gipfels gibt es eine Gefahrenstelle, die die Tour als schwarz auszeichnet. Nach Regen, bei Nebel oder auch starkem Wind sollte die Runde nicht begangen werden. Neben Schwindelfreiheit und Trittsicherheit benötigen wir einen guten Vorrat an Wasser.

Start & Ziel & Anreise

Die Rundtour beginnt in Lenzumo. Von der A 22 Richtung Süden nehmen wir die Ausfahrt Rovereto Sud. Über die SS 240 geht's über Torbole und Riva del Garda weiter zum Ledrosee. Zwischen Pieve di Ledro und Bezzecca biegen wir rechts auf die Via Delio Briga und die SP 119 ab. Parkmöglichkeiten gibt es in der Via della Vasca. Der Bus Nr. 214B fährt von Riva del Garda über Lenzumo nach Pieve di Bono.

Tourenbeschreibung

Schon allein wegen seiner Höhe lockt der Monte Cadria den ambitionierten Wanderer zu einer Besteigung. Das lässt sich bei der Anfahrt so noch gar nicht erahnen. Doch sobald wir die Waldgrenze hinter uns gelassen haben, präsentieren sich seine schroffen Vorgipfel und die umliegenden Almweiden von einer äußerst reizvollen Seite.

Wir starten am Parkplatz in Lenzumo und schlendern zunächst zur Provinzstraße hinauf. Am Coop gehen wir rechts vorbei und biegen nach einer weiteren Kreuzung kurz vor der kleinen Kapelle rechts in die Felder ab. Über Schotter und an Plantagen vorbei lassen wir Lenzumo hinter uns. Wir treffen erneut auf die Straße und halten uns rechts bis zum Linksabzweig, an dem wir auf eine Schautafel und einen Wegweiser stoßen. Die Nr. 423 führt uns über den Bach und kurz darauf am großen Rast- und Grillplatz vorbei. Schon geht's hinein ins Valle dei Molini –

das Mühlental. Am Gebäude der Ex Centrale sehen wir links die Stationen eines Trimmpfades – diese Route wird unser alternativer Rückweg.

Wir wandern mit der Forststraße in vielen langen Kurven und recht steil durch den blickdichten Wald. An den steilsten Passagen und in den Kurven ist der Weg oft asphaltiert. Nach den ersten Wiesen und Hütten wird der Weg allmählich schöner. Nach guten zwei Stunden treffen wir inmitten großer Rinderwiesen auf das Gehöft der Malga Vies.

Wir halten uns rechts mit dem Weg in zwei Kehren nun steiniger aufwärts. Kurz halten wir inne, um den Bilderbuch-Blick zur Alm und zum Monte Corno zu genießen. Bald darauf leitet uns ein Wiesenpfad durch ein buntes Blumenmeer. Von hier aus zeigt sich die grüne, aber schroffe Cadria-Kette. Links liegt die Malga Cadria. Wir folgen jedoch am Wegweiser rechts einem sehr schönen, aber knackigen Steig, der sich in vielen Serpentinen in den schroffen Fels emporwindet. Mehrere Höhlen und ehemalige Kriegsstollen gesellen sich zu den unzähligen Blumen am luftigen Wegesrand. Ein idealer Unterschlupf. Wir wechseln zweimal zur östlichen Bergflanke. Das ermöglicht uns einen wunderbaren Blick in das Valle di Concei. Nach einem markanten Felsenzahn zweigt linker Hand ein Steig ab – unser Rückweg.

Der Anstieg wird jetzt schwieriger, wofür wir all unsere Konzentration bündeln. Knapp unterhalb des Gipfels kraxeln wir extrem abschüssige, ausgesetzte Felsenschrofen hinauf. Sie sind auch die Schlüsselstelle der heutigen Tour. Nichts für schwache Nerven, besonders im Abstieg. Nach dem Wegweiser erreichen wir bald den kleinen Gipfel des Monte Cadria. Neben dem einfachen Kreuz erwartet uns ein Altar. Der weite Fernblick bei Schönwetterlage lässt uns alle Mühen rasch vergessen.

Der Rückweg führt uns auf derselben Strecke hinab. Achtung, bei den Schrofen sollten wir äußerste Vorsicht walten lassen. Wir wandern bis zum erwähnten Abzweig, halten uns dort spitz nach rechts und passieren einen ebenfalls nicht ungefährlichen Abschnitt über abschüssiges Geröll bergab zur Weggabelung. Links gehalten steigen wir steil über die bunte Wiese hinab. Danach führt uns ein breiter, steiniger Weg wieder gemütlich zurück in die blumenreiche Senke, bis wir direkt vor der unbewirtschafteten Malga Cadria stehen. Hier bietet sich eine letzte schöne Rast an. Der restliche Abstieg ist bereits bekannt.

Ein letzter Tipp nach dem äußerst strapaziösen Steilstück der Straße: Nach der Ex Centrale haben wir auch die Möglichkeit, auf dem Trimmpfad rechts des Baches durch herrlichen Wald zu dem bereits bekannten Rast- und Grillplatz zu wandern. Der Abstecher dauert nur zehn Minuten.

Parco Nat.

Tremalzo

S. Martino
S. Martino
Bezzecca
Mad. di Lourdes
Ossario 69
Locca 745
Museo Garibaldino
Garibaldino
Spessa 857
Pte di Dalena 694
Baita S. Lucia
Com. Ledro
Pieve di Ledro 665
Museo Farma-ceutico
Azzurro
Al Lago
655
655
240
858
240

I Calippi
Col Plagna 1027
Traba
Tra
Bus alla Gola
772

Coloer
S. Giorgio
Tiarno di Sopra 749
Tiarno di Sotto 728
S. Lucia 712
Villaggio Santa Lucia
M. Sarbano 1299
Grotte degli Osseri
F.lli S. Martino 1157
1040
1022

Casavecchia 868
Cologni
Anglì
Groli
Cocchetta
Ronchi
1091
Usarom
Col Mariano
726
982
Malsol
Golivo
Navrone 942
F.le Navrone 926
Derachen
Romcal
V. Casì
Val Bogari
C. Vai 1288
V. 1192
Grotta Rinalt
C. Rinalt 1424
1420
M. Corno 1732
1657
1759
1776
1771
1310
Grotte degli Osseri
Bochet de la Spinera
S. Martino
1228
M. Pubregno
1540
Val Pubregno

S. Croce
Marté
1184
1125
Dos d'Ovri 1403
M.ga Casèt 1551
C. Casèt 1748
M.ga Giù 1269
S. Anna 1244
Cà de Mez 1238
1318
M. d. Fogge
M.ga Cita 746
Pian di Pur
V. Coveone

1307
1538
Ovri
V. della Schinchea
Bocca di Casèt 1603
Piana di Casèt
Bochet de Casèt 1645
Bivacco La Pertica 1485
Scaglia
V. del Cor
V. di Pur
C. Tiveign 1523

1373
1556
Ponte del Rì 1123
Costone Frattone
Prato del Cantone
1348
M.ga Tiarno di Sotto 1437
Corno Spezzato 1856
1822
Val Pur Casine
M.ga Tremalzo di Molina 1543
1689
Pso Prà della Rosa 1446
C. Avrinel 1523
M. No 1384

12
Rif. Garibaldi 1521
Rif. Guella 1584
M.ga Tiarno di Sopra 1580
Tremalzo 1589
Alb. Rist. Garda 1686
M. Tremalzo 1973
Bocca di Val Marza 1787
1863
C. Tuflungo
Passo dei Gaton 1710
1637
Rif. Alpini Fratelli Pedercini

M.ga Pegol 1555
Rif. Bezzecca 1526
Pso Tremalzo 1668
1807
M.ga Ciapa 1619
1952
Corno di Marogna
Val Marza
Costone Paraghec
V. del Gatum
V. Tuflungo

1837
M. Lavino
C. del Levrèr 1811
C. del Dil 1724
Pso d. Dil
Tacchetto Basso 1619
Bocca di Fobia 1286
V. del Piles
V. di Trenega
Acqua Benedetta
di Sopra

1801
D.so d. Fame
M.ga Prà di Lavino 1632
M.ga Ca dell'Era
M.ga Prà Pià 1352
Pso della Cocca 1526
Cima Bussa
Ex M.ga di Fobia
C. Pilastro 1387
Nalbo
di Sotto
Val di Bondo

1344
M.ga Spiazzo 1359
P.ta Vesina
V. Prà di Lavino
V. Prà delle Noci
C. delle Sclape 1534
P.ta Molvina 1522
La Coln
Val di Nalbo

1395
C. Camerone
Val di Preda
M.ga Prà delle Noci 685
Bocchetta di Nansèa 1294
1092

0   500 m

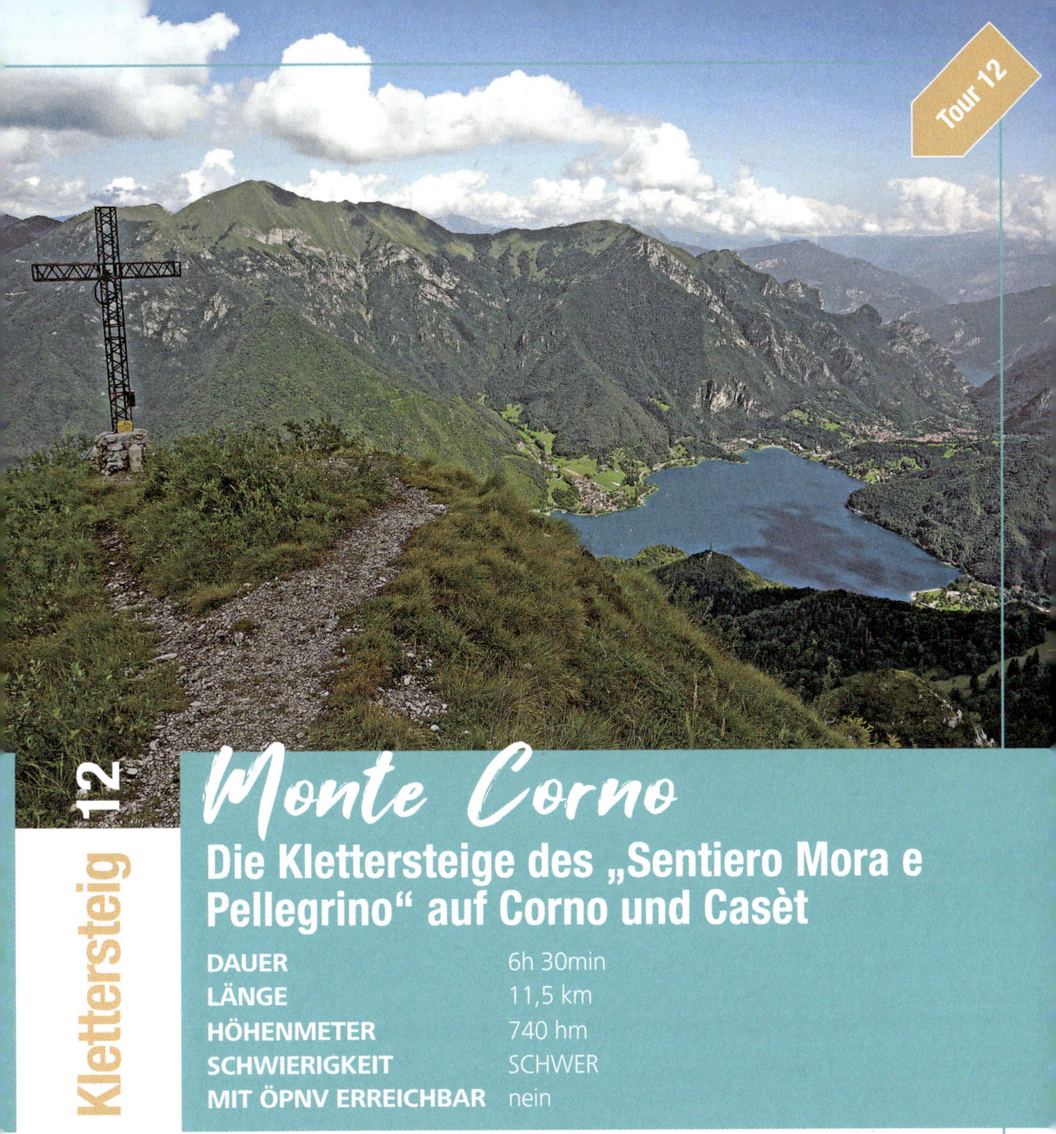

Tour 12

Klettersteig 12

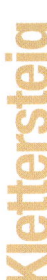

Monte Corno

Die Klettersteige des „Sentiero Mora e Pellegrino“ auf Corno und Casèt

DAUER	6h 30min
LÄNGE	11,5 km
HÖHENMETER	740 hm
SCHWIERIGKEIT	SCHWER
MIT ÖPNV ERREICHBAR	nein

Das erwartet dich ...

Die heutige Runde ist zwar nicht so lang, hält aber so manch knackigen Anstieg bereit. Auf- und Abstieg erfolgen über Forst- und Waldwege. Die Gratüberschreitung ist eine schweißtreibende Angelegenheit, also genügend Wasservorräte einpacken. Am Drahtseil sind Trittsicherheit und Schwindelfreiheit geboten. Aufgrund der ausgesetzten Stellen ist Bergerfahrung sicherlich ein weiterer Vorteil.

Start & Ziel & Anreise

Heute starten wir an der Rifugio Garibaldi. Sie liegt direkt an der Tremalzo-Pass-straße. Mit dem PKW fahren wir über die A 22 Richtung Süden bis zur Ausfahrt Rovereto Sud. Über die SS 240 geht's über Torbole und Riva del Garda, vorbei am Ledrosee und über Tiarno. Kurz nach dem Lago d'Ampola biegen wir links auf die Passstraße SP 127 ein. Nach knapp elf Kilometern befindet sich das Rifugio auf der linken Seite. Parkmöglichkeiten sind vorhanden.

Tourenbeschreibung

Die stattliche Bergtour führt uns vom Rifugio Garibaldi zunächst über einen breiten Forstweg durch den Wald. Er steigt sanft in nordöstlicher Richtung mit der Wegnummer 419 an. Nach einer dreiviertel Stunde gelangen wir zum Bochet de Casèt, kurz darauf stehen wir an der Bocca di Casèt mit Vogelwarte. Eine Schotterstraße leitet uns rechts in S-Kurven hinunter zur unbewirtschafteten Malga Giù.

Beim gut ausgestatteten Selbstversorger-Biwak Cà de Mez biegen wir links in eine Wiese ein. Es empfiehlt sich ein Stopp am Biwak, damit wir unsere Wasservorräte wieder auffüllen können. Wir wandern an der Kapelle Santa Anna vorbei und folgen dem Weg Nr. 456 in den Wald. Er führt an mehreren kleinen Wasserfällen vorbei. Am Bochèt de la Spinera steigen wir links durch den Schatten spendenden Wald bergan, jetzt auf dem Weg Nr. 456B. Im Wald treffen wir auf eine Vielzahl an Farnen und Pilzsorten, und eine bunte Blumenpracht erfreut unser Auge. Dann wird es steiniger und auch felsig. Am Wegweiser überwinden wir einen großen Felsblock und steigen rechts in mehreren Kehren hinauf zum ersten Gipfel der Bergkette, dem Monte Corno. Beim großen, einladenden Gipfelkreuz bietet sich eine schöne Rastmöglichkeit.

Nach ausgiebigem Genuss des überwältigenden Panoramas auf die umliegenden Gebirgsmassive und zum Ledrosee machen wir uns an den Abstieg. Zurück am Wegweiser beginnt nun das kleine Kletterabenteuer am „Sentiero Mora-Pellegrino". Unsicheren Bergsteigern sei hier ein Klettersteigset ans Herz gelegt. Die Passagen sind zwar nicht sehr schwer, erfordern jedoch unbedingt Trittsicherheit und Schwindelfreiheit. Gleich am Beginn des Grates erwartet uns der schwierigste Aufschwung durch eine rutschige Felsenrinne. Drahtseile und feste Griffe erleichtern uns hier wesentlich das Vorankommen. Wir steigen kurz hinab, dann geht's steil und eng am Grashang bergan. Am nächsten Gipfel blicken wir auf den mit Felstürmen und Zacken durchzogenen Grat. Nach weiterem Abstieg erklimmen wir über steile Felsenstufen und Drahtseile den Monte Pubregno, den höchsten Punkt unserer Tour.

Abwechselnd steigen wir nun auf und ab über namenlose Kuppen, dafür jedoch mit besten Blicken auf das nördliche Ledrotal. Die letzte Hürde ist ein leicht ausgesetztes Stück am Drahtseil empor. Kurz darauf stehen wir knapp unterhalb der Cima Casèt. Von hier aus schlängelt sich der felsige Steig in einem schönen Graspfad nach Südosten zur Malga Giù weiter.

Nach links lohnt ein kurzer Abstecher zu einem Unterstand. Hier werfen wir einen letzten Blick zurück auf das gewaltige Corno-Massiv. Der Pfad mündet wenig später in eine breite Forststraße. Sie begleitet uns zurück zur Bocca di Casèt. Von hier aus ist das letzte Stück des Weges bekannt.

Autoren Tipp

Wer noch genug Puste und Kraft in den Beinen hat, der kann ein kurzes Stück weiter vom Ausgangspunkt zusätzlich den Monte Tremalzo erklimmen. Allein schon die Anfahrt über die kurveneiche Tremalzopassstraße ist ein Abenteuer. Da wird die Neugier und sicher auch die Abenteuerlust schnell noch einmal geweckt. Ab dem Rifugio Garda geht's in nur 35 Minuten auf den Monte Tremalzo. Der Blick ist atemberaubend, mal abgesehen von der großen Sendeanlage.

Tra
Bus alla Gola
1027
694 Pte di Dalena
S. Lucia 712
Baita
S. Lucia
Museo
Garibaldino
Com.
Ledro
Pieve
di Ledro
665
857
M. Cocca
1404
Ravel
Cornesel
Coste Barjolo
Alla
Valle
822
1023
Tiarno
di Sotto
728
S. Lucia

Villaggio
Santa Lucia
M. Sarbano
1299
Museo
Farma-
ceutico
658
Azzurro
Al Lago
240
Lago di Ledro
655
Dasca
711
Ghinova
Mezzolago
Fiore
di Bella
852

Parco Nat
C. Vai
1288
1192
Grotta Rinalt
M. Corno
1732
1657
1759
Grotte degli Osser
1040
1022
Al Sabbioni
(655)
Al-Sole
Museo delle
Palafitte
Colonia

C. Rinalt
1424
1776
1771 M. Pubregno
1310
S. Martino
1228
S. Martino
1157
F.lli
S. Martino
Bochét
de la Spinéra
V.gio
Turistico
13
Pur
662
677
Calchera
Legos

C. Casét
1748
M.ga Casét
1551
Bocca di Casét
1603
Tremalzo
M.ga Giù
1269
S. Anna
1244
Cà de Mez
1238
M. d. Fogge
1318
M.ga Cita
746
Pian di Pur
1022
Maroni
714
Doss de Trat
982
795
Me
Traversera
Martinel
1082
Cretegn
1074

Bochet de Casét
1645
Piana di Casét
Scaglia
V. Coveone
Rigaselva
Val Casarino

Bivacco
La Pertica
1485
Val Pur Casine
V. del Cor
V. Tiveign
V. Fontanine

Corno Spezzato
1856
1689
M.ga Tremalzo
di Molina
1543
Val Marcia
C. Tiveign
1523
Dosso di Pennalever
1137

1822
C. Avrinone
1523
Bocca dei Fortin
1245

Rif. Garibaldi
1521
Tremalzo
1589
M. Tremalzo
1973
Costone Paregnec
Pso Pra
della Rosa
1446 1384
1200
M. Nota
Rif. d. Alpini
P.so Nota
C. Bandiera
1362

Rif. Guella
1584
Alb. Rist. Garda
Bocca di Val
Marza
1787
1863
C. Tuflungo
1710
Passo
dei Gaton
Passo Nota
1208
1274 Passo di
Bestana

M.ga Tiarno
di Sopra
1580
1686
1637
V. del Gatum
Rif. Alpini
Fratelli Pedercini
Bestana

1668
M.ga Ciapa
1619
Corno
di Marogna
1952
Cimitero
di Guerra
M. Traversole
1442

Tacchetto
Basso
1619
V. Tuflungo
C.na
Muravalle
1225
Muravalle
Corna Vecchia
1415

Val Marza
Bocca di Fobia
1286
V. del Piles
V. Cerese
V. Tregadone Piccola

Pso della
Cocca
1461
1526
Cima Bussa
Ex M.ga
di Fobia
C. Pilastro
1387
Trenega
1404
Corno Nero

V. Prà delle Noci
M.ga Prà
Pià
1352
C. delle Sclape
1534
-di Sopra
Nalbo
-di Sotto
Val di Bondo
V. Tregadone Grande
Bosso Clemone
925

Valle di Propiano
P.ta Molvina
1522
La Colma
1092
Clemone
P. della Brosa
1288
Màlga
Dalco
Selva 842

M.ga Prà
delle Noci
685
Bocchetta
di Nansèsa
1294
0   500 m

C.na Monte
di Mezzo
C. delle Volte
1422
Plazzolo
C.na Ander
V. delle Pile
C. Val Carner
Trovelle
1266 1278
Dega
904
C. Sospiri

Geschichtstour 13

Tremalzo Nordflanke

Anspruchsvolle Tour über den Passo Nota zu historischen Kriegsstätten

DAUER	7h
LÄNGE	18 km
HÖHENMETER	1385 hm
SCHWIERIGKEIT	MITTEL
MIT ÖPNV ERREICHBAR	nein

Das erwartet dich ...

Diese lange Rundtour führt uns über steile, teils schattige Waldwege. Ab Passo Nota verläuft die Route über einen breiten Kriegsweg. Vereinzelt warten Geröllstellen auf uns, teils mit starkem Gefällewechsel unterhalb der Cima Turflungo. Technisch ist die Tour zwar leicht, aber die lange Strecke erfordert Ausdauer. Daher gehört heute unbedingt genügend Wasser in den Rucksack!

Start & Ziel & Anreise

Unsere heutige Wanderung beginnen wir in Pian di Pur. Auch heute führt die Autoroute wieder über die A 22 bis Roverteo Sud. Dann weiter auf der SS 240 am Nordende des Gardasees entlang und über Biacesa und Molino nach Pur. Unterhalb des Hotels Maroni gibt es einen Parkplatz. Mit dem Bus B214 können wir lediglich von Riva del Garda bis Molina di Ledro fahren. Die letzten drei Kilometer müssen wir zu Fuß gehen oder ein Taxi nehmen.

Tourenbeschreibung

Schon zu Römerzeiten war der Passo Nota eine der wichtigsten Verbindungen zwischen dem Gardasee und dem Ledrotal. Später entwickelte er sich zu einem strategisch wichtigen Punkt in Kriegsschlachten. Ringsherum sind noch die Reste eines Militärdorfes zu sehen. Der Pass ist sogar per Auto vom Val di Bondo erreichbar.

Wir folgen vom Parkplatz Pian di Pur dem Weg Nr. 421 nach Süden und biegen gleich links in die Via Casarino ab, am Hotel Maroni vorbei. Kurz darauf führt uns ein Fahrweg geradeaus. Er wird von handgeschnitzten Holzfiguren gesäumt. Die rot-weiße Markierung leitet uns rechts von der Straße weg. Wir halten uns stets eng am Bach entlang und folgen wenig später einem Pfad. Er gestaltet sich als recht steil und verlangt Kondition sowie Trittsicherheit. An der nächsten Weggabelung queren wir einen Forstweg, dann steigen wir weiter bergan. Nach einem

Holzunterstand stoßen wir auf eine weitläufige Wiese und den Passo Nota. Wir haben die ehemalige Grenze zwischen Österreich-Ungarn und Italien erreicht.

Bei der Berggaststätte finden wir zwei restaurierte Geschütze aus dem Zweiten Weltkrieg vor. Gegenüber lohnt ein Abstecher zu einem Soldatenfriedhof. Unterhalb der Berggaststätte gelangen wir zu einer Weggabelung, an der wir rechts abbiegen und die ehemalige Kriegsstraße entlangschlendern. Die Markierung Nr. 457 führt uns über mehrere Kehren sanft hinauf, durch einen Tunnel und zum Wegkreuz am Passo Pra della Rosa. Hier wechseln wir weiter auf dem Weg Nr. 457 zurück zur Nordseite. Ein zehnminütiger Abstecher nach rechts bringt uns auf die kleine Cima Avrinone. Sie ist der einzige Gipfel der Rundwanderung und erwartet uns als ruhevolle Oase. Zudem ist der Blick auf den Monte Tremalzo, den Monte Baldo und ins Val di Bondo wunderschön.

Jetzt müssen wir genau auf den weiteren Wegverlauf achten: Die Fortsetzung auf Weg Nr. 457 am Pass ist nicht sofort ersichtlich. Wir halten uns links und wandern in Kehren hinab. An der nächsten Abzweigung setzten wir unseren Weg geradeaus durch dichten Wald fort. Wer möchte, kann hier eine Abkürzung zur Malga Cita unternehmen. Die Route leitet uns mehrfach steil, teils geröllig unterhalb des Felsenmassivs auf und ab. Dann erreichen wir die Malga Tremalzo di Molina. Von hier aus können wir den Monte Tremalzo am besten betrachten. Über einen großflächigen Blumenteppich steigen wir zum höchsten Punkt der Tour auf 1689 m auf. Zahlreiche Felsentürme ragen am Wegrand empor, die Sicht auf den Ledrosee ist jedoch frei. Der nur spärlich markierte Weg führt uns auf feuchtem Boden durch dichten Wald, an Lichtungen mit zwei Viehtränken vorbei und steil abwärts zum Bivacco La Pertica.

Bis zum Waldrand wird der Weg noch einmal steiler. Wir halten uns am Wegweiser rechts über die Forststraße. Die Markierung 419 leitet uns zur Malga Giù. Wenig später erreichen wir die Selbstversorgerhütte Cà da Mez. Hier stehen Getränke, Grill und Ofen bereit. Wir schwenken rechts mit der Nr. 419 wieder in den Wald und folgen einem schmalen Pfad. Er geht kurz darauf in einen breiten Forstweg über. Kurz vor der Malga Cita passieren wir einen schönen Rastplatz. Er liegt direkt am tosenden Torrente Sat und ein paar kleinen Wasserfällen. Wenig später treffen wir wieder in Pian di Pur ein.

Wem der Weg zu weit wird, der kann vorzeitig zur Malga Cita abkürzen. Am Wegabzweig nach dem Passo Pra della Rosa kann man rechts durch den Wald steil bergab steigen. Dann wandert man noch gute 40 Minuten bis zur Malga Cita.

Mezzolago
Fiore di Bella 852
Al Sole
Mad. di Besta
Besta Panchina Gigante
Museo delle Palafitte
Colonia
Légos 665
Doss de Trat 982
Calchera
Me 795
Traversera
Molina di Ledro 638
Barcesino
Mad. Addolorata 661
Pre 480
Calchera
Calchero
240
657
Biacesa 418
Le Grotte
Pescicoltura Armanini (Fischverkauf)
Com. Ledro
Mad. del Cinale 615
Rinas
Ranco
Volta
Martinel 1082
Cretegn 1074
Rigaselva
Val Casarino
1228
S. Valentino
1226
Leano 888
S. Antonio
Cadrionel
1245
Porfia
1137
Dosso di Pennalater
C. di Vil 1580
M. Carone 1621
Bocca dei Fortini
C. Carlotta
1245
Baita B. Segala 1250
P. di Mois 1371
Passo Guil 1209
M. Guil 1322
M.ga Vil 1110
C. della Nara 1376
Passo Chiz 1276
Leano
Corona
Val del Bosco
M. Traversole 1442
Dosso Ravizzola 906
Valacco
Valle Fed
Muravalle
Corna Vecchia 1415
V. Falgole
Il Vallone
P. della Brosa 1288
Corno Nero 1404
Roccolo Palus 903
Malga Dalco 842
C. della Selva 1278
M. Preals 886
Dega 904
Bocca Sospiri 1026
M. Bestone 916
Tamazzo 222
Fornaci 742
Bocchetta Rocca
915
Bazzanega
S. Pietro
Tesol
Campaldo
S. Marco
Villa Lucia Nanzel
Garda
S. Giovanni
Punta V. S. Giovanni
La Milanesa
S. Rocco
Museo del Turismo
Limone sul Garda 66
Dosso d. Roveri 823
Hotel Limonaia
Cascata Sopino
Sopino
La Nua
C. Mughera 1161
P.to Ristoro (chiuso)
P. Camino 1008
P. Nembra
V. Salumi
V. Scaglione
V. di Singol
V. Prula
V. del Laric
V. di Reamol
M.ga Palaer 949
M. Palaer 1078
Pso Rocchetta
1158
893
P.ta Larici
Bocca Larici 909
V. Palae
Reamol Sotto
Hotel Panorama
45bis
Reamol Sopra
Corno di Reamol
Capo Reamòl
881
M.ga Palaer
Pregasina 532
C. Strussia 1238
Cima Bal 1259
14
Percorso alpinistico Massimiliano Torti (molto difficile!)
Pozza di Sotto
503
Dòs de Cala 577
Surf Hotel Pier
La Madonnina
Nodice 859
Bocca da Lè 805
L'Oltra
Brion
Nodice
Calchera
Antico Porto del Ponale
Ponale Alto Belvedere
Defensionmauer 470
C. Capi
909
Forte Teodosio
M. Riva 864
V. Spuarne
1090
C. Rocca
Biv. Arcioni 858
S. Giovanni
974
Bocca Pasumer
830
Belv. della Grola
Bocca d'Enzima
La Punta
Grotta Daei
Bochet dei Concoli 1207
Grotta Daei 1301
S. Barbara 636
M
Centrale Idroelettrica
Vecchio Porto Excelsior
Val Des
Val d'Oro
V. di Barcesino
M.ga Giumella Inferiore 1011
Valera
Sait del Bal
Navene
338
298
Garda
0   500m
Venezia

Panoramatour 14

Monte Carone
Felsendurchsetzte und aussichtsreiche Rundtour an historischen Grenzen

DAUER	6h 30min
LÄNGE	15,5 km
HÖHENMETER	1120 hm
SCHWIERIGKEIT	MITTEL
MIT ÖPNV ERREICHBAR	nein

Das erwartet dich ...

Heute erwartet uns eine abwechslungsreiche Bergtour, die sich teils auf felsigen Bergpfaden, aber auch breiten Schotterpisten bewegt. Der Monte Carone ist die höchste Erhebung östlich des Tremalzo und somit einer der Panoramagipfel der Region. Bevor wir ihn erklimmen, passieren wir drei wichtige Pässe an der beliebten Radstrecke Pregasina-Tremalzo. Im Gipfelbereich benötigen wir dann Trittsicherheit und erhöhte Vorsicht. Der Gipfel ist exponiert, aber gesichert.

Start & Ziel & Anreise

Los geht's in Pregasina. Wir verlassen die A 22 bei der Ausfahrt Rovereto Sud/ Lago di Garda Nord und folgen der SS 240 über das Nordende des Gardasees weiter auf der Staatsstraße über Biacesa nach Pregasina. Parkplätze befinden sich unterhalb der Kirche. Der Ort ist leider nicht mit den öffentlichen Verkehrsmitteln zu erreichen.

Tourenbeschreibung

Wir spazieren vom Parkplatz zum Friedhof hinauf, biegen scharf nach links und folgen dem Weg Nr. 422 nach rechts. Er leitet um einen Rechtsknick und bringt uns nach einem kurzen Steilstück links Richtung Südwesten auf den Weg Nr. 422. Auf dem aussichtsreichen Bergweg gewinnen wir schnell an Höhe. Nach einer halben Stunde geht er in einen Schotterweg bis zur Malga Palaer über. Hier wechseln wir auf den Weg Nr. 422B. Er leitet uns weiter hinauf, durch erfrischenden kühlen Wald zum Passo Rocchetta mit Schutzhütte.

Hier treffen wir auf eine alte Grenzstraße aus dem Ersten Weltkrieg. Die Route leitet uns nach Westen, leicht bergauf mit der Markierung Nr. 422. Dabei begleiten uns herrliche Blicke auf den See. Dann müssen wir einen kleinen Umweg machen, da sich die Straße noch im Bau befindet. Die hier beschriebene Variante führt direkt über den Monte Guil – wir gehen kurz rechts Richtung Cima d. Nara und dann links. Dann geht's hinab in eine Wiesensenke zum Passo Guil.

Wir folgen weiter der ehemaligen Militärstraße auf dem Sentiero Antonioli mit der Nr. 421. Wenig später bietet sich in der unbewirtschafteten Schutzhütte Baita Segala eine kurze Rast an. Am nächsten Abzweig an der Casa Carlotta biegen wir rechts auf den „Sentiero Tosi" ein. Die Markierung Nr. 105 führt uns über Serpentinen den Wald hinauf. Wir richten uns nach dem Wegweiser „Senter de Carune dal Camino". Das Gelände wird schroff und steil. Ein drahtseilversicherter Pfad leitet uns durch Felsentürme, durch die der Wind nur so hindurchpfeift. Konzentriert steigen wir bis zum Gipfel des Monte Carone empor. Oben genießen wir neben dem Soldatenkreuz den herrlichen Blick über den See.

Wir steigen ostseitig bergab, halten uns dabei rechts und schlängeln uns im Zickzack am Fels entlang. Zurück an der alten Kriegsstraße wenden wir uns nach links. Die Markierung Nr. 421 leitet uns über den Passo Guil und den Passo Rocchetta bis zur Malga Palaer auf demselben Weg wieder bergab. Wir passieren eine Steinhütte, dann halten wir uns weiter auf dem Weg 422B und wandern gen Osten zur Bocca Larici. Einen lohnenden Abstecher bietet die exponierte Aussichtsterrasse Punta Larici. Der Rest des Weges führt über eine breite, von Buchen gesäumte Forststraße zurück nach Pregasina.

Map Labels

Pregasina
Nodice 859
Bocca da Le. 805
532
503
Dos de Cala 577
Surf Hotel Pier

Martinel 1082
Cretegn 1074
S. Valentino
Leano 888
S. Antonio
C. Strussia 1238
Cima Bal 1259

1228
1226
1245
1136

Val Casarino
Rigaselva

Dosso di Pennateve
1137

M. Carone 1621
Bocca dei Fortini 1245
C. Carlotta
Baita B. Segala 1250
C. di Vil 1580
C. della Nara 1376
Passo Chiz 1276
Coronla
Leano
M.ga Vil 1110
M.ga Palaer 949
M. Guil 1322
M. Palaer 881 909
P.ta Larici
Bocca Larici 893

C. Bandiera 1362
M.ga Bestana
1274
Passo di Bestana
P. di Mois 1371
Passo Guil 1209
1158
Pso Rocchetta 1078
1107

M. Traversole 1442
V. del Bosco
Dosso Ravizzola 906
Valacco
P. Camino 1008
Corno di Reamol
Capo Reamòl

Muravalle
Valle Faè
C. Mughera 1161
P.to Ristoro (chiuso)
Reamol Sopra
15 45bis
Reamol Sotto
Hotel Panorama

Corna Vecchia 1415
1404
Corno Nero
Hotel Limonaia
Cascata Sopino
La Nua
Sopino
298

1266
C. della Selva 1278
P. della Brosa 1288
Malga Dalco 842
Dega 904
Roccolo Pelus 903
M. Preals 886
Dosso d. Roveri 823
S. Rocco
Museo del Turismo
La Milanesa
15
B
66

C. Sospiri
Bocca Sospiri 1026
Campaldo
Tesol
S. Pietro
Punta V. S. Giovanni

D a l v r a   A l t a
1048
S. Marco
Garda
Limone
sul Garda

+915
Dalvra Bassa
663
M. Bestone 916
Tamazzo 222
Bocchetta Rocca
Bazzanega
Sentiero molto male!
Villa Lucia
Nanzel

Navene

L a g o   d i   G a r d a
338

V.la Campi
Paludi
Gilera
V. gio Turistico
Le Balze
Hotel Le Balze 500
Ponte Burdol
Ustecchio
S. Antonio
Mure
310

Voltino 1559
Ponti
Priezzo
Diaclasi di Voltino
Pozza del Gas
Punta di Corlor

Martora
249
Agritur. Ca' Vecia
Azzuro Lombardi
Campagnola
Martora
Campagnola
Claudia
M. Fubia 467
Tonini
Paragliding Club Malcesine
Morettine
Pant
prela
Ruina
Palazzina
Dumes
Locanda
Doss del Cus 139

45bis
Largo dei Minatori
Pieve
413
sul Garda

P
500 m
26
Fainile

Panoramatour 15

Percorso Nella Natura

Limones Uferpromenaden, wilde Wasser und ein Stadtbummel

DAUER	2h 45min
LÄNGE	7,5 km
HÖHENMETER	410 hm
SCHWIERIGKEIT	LEICHT
MIT ÖPNV ERREICHBAR	ja

Das erwartet dich ...

Die kurzweilige Wanderung gleicht eher einer längeren Spaziertour. Über Pflaster- und Schotterwege, die wir auch problemlos mit dem Kinderbuggy bewältigen können, geht es am Ufer des Sees entlang nach Limone, in dem wir die schöne Architektur und die malerischen Gassen bewundern. Ein Highlight ist der Sopino Wasserfall. In Limone bietet sich eine schöne Möglichkeit, in den See zu springen, also Badesachen nicht vergessen.

Start & Ziel & Anreise

Unser Ausgangspunkt ist das Hotel Panorama in der Via 4 Novembre 86 in Limone Sul Garda. Nebenan befinden sich ein Parkplatz und eine Bushaltestelle. Limone erreichen wir von nördlicher als auch südlicher Richtung über die Strada Statale 45. Öffentliche Busse der Linie S202, LN012 und LN027 fahren von Riva del Garda nach Limone sul Garda.

Tourenbeschreibung

Viel gibt es auf dieser Wanderung zu entdecken. Nicht nur im malerischen Städtchen Limone, das sich terrassenförmig an den steilen Berghang schmiegt. Hier verlief einst die lange Grenze, der Limes, zwischen Österreich und Italien, woher Limone auch heute seinen Namen hat. Oberhalb des knapp 1150 Seelen Ortes ziehen sich endlose Olivenhaine und urige Zitronengärten. So hat Limone die Zitrone zu seinem Wahrzeichen gemacht: sie befinden sich auf T-Shirts, Handtüchern, Kacheln und vielem mehr. Bei Touristen äußerst beliebt, stößt der Ort im Sommer regelmäßig an seine Kapazitätsgrenzen. Doch kann man in den engen Gassen und oberen Olivenhainen noch immer wunderbar abgeschiedene, stille Örtchen für sich entdecken.

Wir beginnen die Wanderung am Hotel Panorama in Limone sul Garda und laufen über Kiesel neben der befahrenen Gardesana entlang bis zum Ortseingang.

Die Via Remol oder „Sentiero del Sole" führt uns durch die Zypressen hinab. Dann folgen wir dem Weg durch Steinmauern und Olivenbäumen bis an die Straßenkurve Via Nova. Hier können wir einen Abstecher der ganz besonderen Art machen: dafür laufen wir rechts hinauf zur Hauptstraße, die wir vorsichtig schräg nach links zum Hotel Limonaia überqueren. Wir folgen einem steil ansteigenden Pfad geradeaus hinauf am Bach entlang oder auch über die Serpentinenstraße zum ersten Highlight der Wanderung: dem Sopino-Wasserfall.

Dann kehren wir zur Via Nova zurück und folgen ihr nach rechts Richtung Limone. Dabei kommen wir neben einigen Hotels auch an der Villa Romantica vorbei, die mit gutem Essen und einer schönen Aussichtsterrasse lockt. In Limone statten wir der hübschen Kirche San Rocco einen Besuch ab. Hierfür erklimmen wir zwischen der Via Nova Nr.13 und Nr.15 ein paar Stufen. Oben eröffnet sich uns ein traumhafter Panoramablick über Limone und auf seinen Hausberg, den Monte Bestone. Dann bummeln wir entlang der Via Porta, die mit zahlreichen Souvenirgeschäften lockt. Wir passieren den historischen Porto Vecchio, halten uns links und gelangen an das Museo del Turismo: Hier werden interessante Exponate über den Beginn des Gardasee-Tourismus ausgestellt. Wir schlendern weiter auf der Uferpromenade, vorbei an Restaurants und Bars und dem großen Porto Nuovo. Hinter dem Parkplatz gelangen wir dann an einen schönen, gemütlichen Kieselstrand. Hier nehmen wir uns ein wenig Zeit für ein erfrischendes Bad im Gardasee. An seinem Ende überqueren wir die Brücke über die Bachmündung des Torrente San Giovanni und begleiten ihn nach rechts bergan. Die nächste Brücke lässt uns wieder zur anderen Bachseite zurückkehren. Wir laufen unter der Hauptstraße hindurch und folgen den Stufen hinauf zur Via Tamas und schon stehen wir auf dem attraktiven „Percorso nella natura". Dann steigen wir wieder hinunter zum Bach und hinauf zum Eingang des Valle del Singol an der Trattoria La Milanesa.

Wir überqueren die Brücke und folgen dem Percorso steil aufwärts. Dann wandern wir in angenehmen Auf und Ab mit herrlichen Panoramablicken auf Limone und den Gardasee bis zu einem kleinen Rastplatz mit Wasserfall. Dahinter geht's geradeaus bis zum Ende der Via Preone. Wir wandern hier rechts hinauf und überqueren den Bach Torrente Pura. Dann laufen wir linker Hand bergab zurück nach Limone. Nachdem wir die Straße überquert haben, biegen wir die Via Nanzello links ein. Vorbei an Hotels wenden wir uns an der Kreuzung leicht nach links und folgen der Via Tamas nach rechts. Sie geleitet uns direkt vor das Municipio und das Fischereimuseum, das Museo dei Pescatori. An der Hauptstraße beim unteren Parkausgang biegen wir links ab und laufen am Coop vorbei zur Touristen Information. Hier finden wir auch eine Bushaltestelle vor. Der Bus bringt uns zurück zum Hotel Panorama.

Biacesa
240
Le Grotte
Pre 480
Calchera
Com. Ledro
Mad. del Cinale 615
Pescicoltura Armanini (Fischverkauf)
Maroni 714
Doss de Trat 982
Me. 795
Traversera
Rinas
Ranco
Volta
S. Valentino
L'Oltra
Brion
Nodice
Nodice 859
Bocca da Le. 805
Pregasina 532
Martinel 1082
Cretegn 1074
1228
Leano 888
S. Antonio
C. Strussia -1238
Cima Bal -1259
1022
V. Tiveign
Val Casarino
Fontanine
Rigaselva
Poflia
1226
1245
Corona
Leano
Passo Chiz 1276
M.ga Palaer 949
1137
Dosso di Pennalever
Cadrionei
C. di Vil 1580
M. Carone 1621
C. della Nara 1376
M.ga Vil 1110
M.ga Palaer
Bocca Larici 909
C. Bandiera 1362
Bocca dei Fortini 1245
C. Carlotta
Baita B. Segala 1250
P. di Mois 1371
M. Guil 1322
M. Palaer 881 1078 893
P.ta Larici
Rif. d. Alpini
P.so Nota Passo Nota 1200
1208
M.ga Bestana
1274 Passo di Bestana
V. Piana
Passo Guil 1209
1158
Pso Rocchetta
V. di Reamol
Cimitero di Guerra
C.na Muravalle 1225
M. Traversole 1442
V. del Bosco
Dosso Ravizzola 906
Valacco
P.to Ristoro (chiuso)
C. Mughera 1161
P. Camino 1008
Corno di Reamol
Capo Reamòl
Muravalle
Muravalle
Valle Fas
V. Falgole
V. Salumi
Cascata Sopino
45bis
Reamol Sotto
Hotel Panorama
V. Tregadone Piccola
Corna Vecchia 1415
Il vallone
Hotel Limonaia
La Nua
Corno Nero 1404
Dosso d. Roveri 823
Sopino
V. Tregadone Grande
Bosso Clemone 925
Clemone
P. della Brosa 1288
Malga Dalco 842
V. scaglione
V. da singol
Roccolo Pelus 903
S. Rocco
La Milanesa
Museo del Turismo
Limone sul Garda 66
C. Val Camer
1266
C. della Selva 1278
C. Sospiri
Dega 904
M. Preals 886
S. Giovanni
Punta V. S. Giovanni
Trovelle
Segale
Bocca Sospiri 1026
Tesol
S. Pietro
Campaldo
Lago di Garda
Piazzale Angelini 1048
Dalvra Alta
V. Pura
S. Marco
Garda
Villa Lucia Nanzel
Riserva Naturale Valle di Bondo
†915
Fornaci 742
M. Bestone 916
Tamazzo 222
338
bestOne bicigrill 663
Dalvra Bassa
Bocchetta Rocca
Bazzanega
Sentiero "molto male!"
Vesio
La Busa
Villa
Mezza Campagna
S. Bartolomeo 571
Paludi
Glera
V.la Campi
V.gio Turistico
Le Balze
Ponte Burdol
Azzurro
Lombardi
Claudia
Martora
Campagnola
Voltino
Ponti
Vol To. Fol
559
Hotel Le Balze
Ustecchio 500
S. Antonio
Mure
Tonini
Impagnola
Sompriezzo
Ca Dolaini
Musio
Priezzo
Diaclasi di Voltino
Punta di Corlor
310
Paraglidi
Malcesine
Morettine
Paint

0 500 m

Panoramatour 16

Cima Mughera
Panoramagenuss nach kräfteraubendem Anstieg

DAUER	4h 30min
LÄNGE	8,5 km
HÖHENMETER	1015 hm
SCHWIERIGKEIT	MITTEL
MIT ÖPNV ERREICHBAR	ja

Das erwartet dich ...

Die Wanderung ist nicht lang, dafür aber sehr anstrengend. Der Anstieg ist steil und verläuft unbequem auf breiten Pflasterstraßen, später auch auf Waldpfaden. Der Abstieg führt teilweise durch loses Geröll. Vorsicht ist hier bei den Tritten geboten. Da der Weg den größten Teil ohne Schatten verläuft, sollten wir unbedingt ausreichend Wasservorräte dabei haben.

Start & Ziel & Anreise

Die abwechslungsreiche Runde beginnt an der Trattoria La Milanesa, oberhalb von Limone. Limone erreichen wir von nördlicher als auch südlicher Richtung über die Strada Statale 45. Parkplätze gibt es am Ende der Via Milanesa. Öffentliche Busse der Linie S202, LN012 und LN027 fahren von Riva del Garda nach Limone sul Garda. Über den Percorso Natura steigen wir in einer viertel Stunde zum Ausgangspunkt empor.

Tourenbeschreibung

Die Bergtour durch das Valle del Singol erkundet die felsige Bergkulisse auf steilen Wegen. Der Felsvorsprung Cima Mughera ist kein richtiger Gipfel, eröffnet aber schöne Tiefblicke auf Limone und den Gardasee.

Wir schlendern vom Parkplatz der Trattoria La Milanesa über die Brücke, unter uns den tosenden Wildbach San Giovanni. Rechts herum geht es auf einem breiten, gepflasterten Maultierpfad weiter, immer die Wegnr. 101 im Blick. Der Pfad führt uns recht steil durch das Valle del Singol empor. Zu unserer Linken erscheint ein kleiner, bezaubernder Wasserfall. Wir passieren einen Kalkofen. Die beiden Wegabzweige zur Dalco-Alm beachten wir nicht. Nach einer halben Stunde queren wir die Bachbrücke. Am folgenden Wegabzweig geht's über eine weiteren Bach und nach einem Rechtsbogen aufwärts. An der Gabelung halten wir uns rechts, weiter mit dem Weg Nr. 101 in steilen Serpentinen hinauf. Im Hintergrund schimmert die herrliche Kulisse der Berge.

Am Abzweig, an dem die Markierung 103 nach links führt, halten wir uns rechts weiter auf dem Weg 101. Der schmale, steile Waldpfad bringt uns an einen Bach. Wir queren ihn, passieren eine Bank, und dann wird es richtig steil: Der Pfad schlängelt sich noch gute 200 Höhenmeter bis zur T-Kreuzung empor. Zum „Panorama" schickt uns ein Schild nach rechts. Wir überwinden eine kleine, sehr steinige Steilstufe und stehen gleich darauf am überwältigenden Panoramapunkt Cima Mughera.

Wieder unten an der Gabelung wandern wir rechts weiter zum willkommenen Punto Ristoro. Der Platz ist perfekt zum Verweilen – darüber hinaus bietet er uns einen tollen Ausblick. Der Kiosk ist bis auf weiteres geschlossen. Wir halten uns links auf den Weg Nr. 101, bis wir an den Wegweisern am höchsten Punkt der Tour stehen, dem Passo Guil. Nun richten wir uns nach der Markierung Nr. 117 Richtung Limone. Der Weg bringt uns steil hinab, erst über einige Waldkehren, dann über einen steinigen Abschnitt. Achtung, bei Nässe besteht Rutschgefahr. Nach einer Stunde ab dem Pass erreichen wir den breiten Weg Nr. 103. Er führt uns nach links zum bereits bekannten Abzweig. Der restliche Rückweg verläuft auf dem Anstiegsweg.

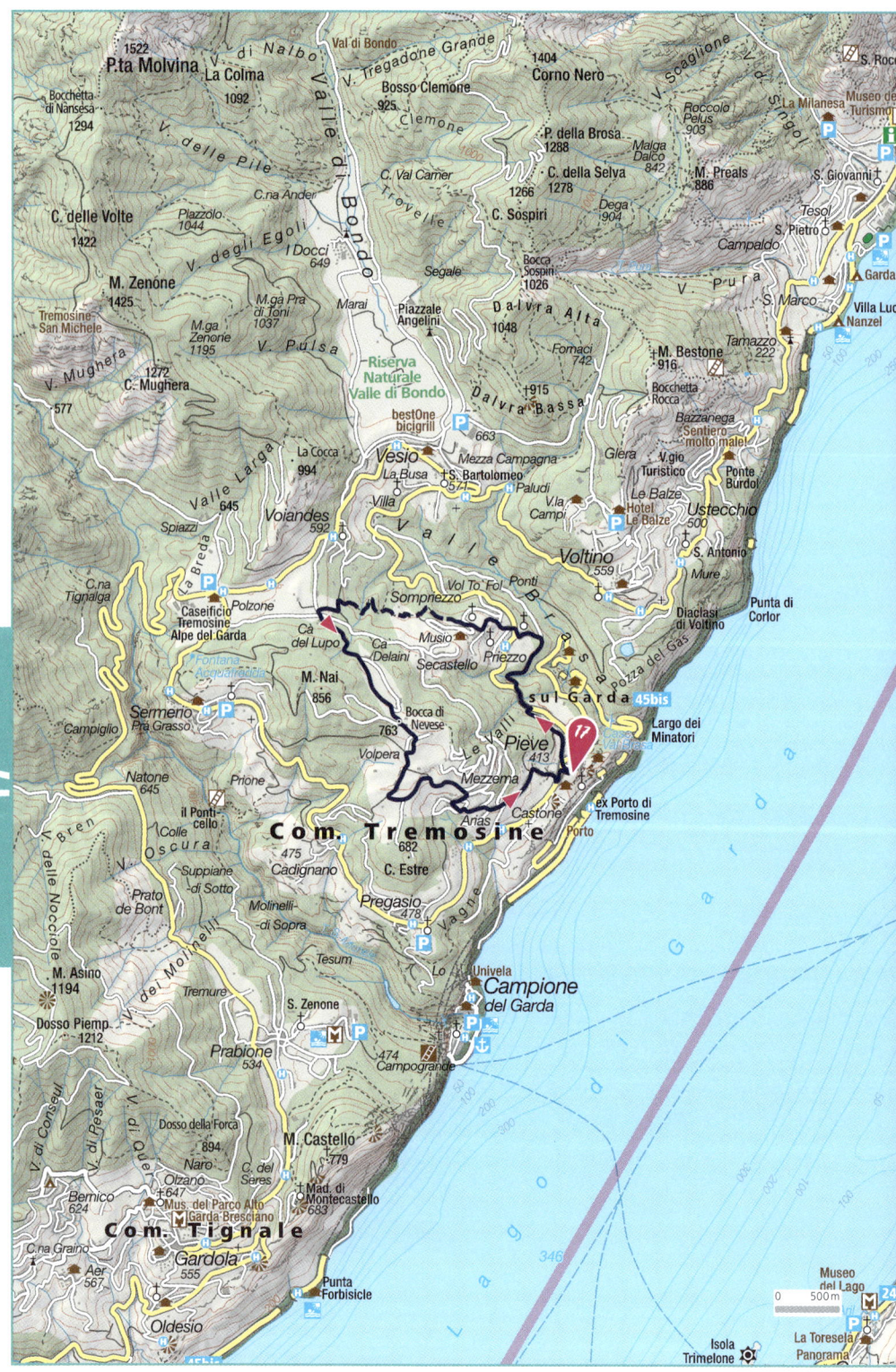

Genusstour 17

Bocca di Nevese
Almwiesen auf der Hochebene Tremosine

DAUER	2h 40min
LÄNGE	7,5 km
HÖHENMETER	450 hm
SCHWIERIGKEIT	LEICHT
MIT ÖPNV ERREICHBAR	ja

Das erwartet dich ...

Auf der heutigen Runde führen aussichtsreiche Wege durch Wälder und über Weiden. Wir wandern überwiegend auf Straßen, ab und an auch mal auf Pfaden. Innerhalb der Ortschaft ist die Markierung eher spärlich. Pieve zählt zu den schönsten Dörfern des Landes und ist ein echtes Highlight. Ein Bummel durch die schmalen Gassen und die so genannten Schauderterrassen seien ans Herz gelegt. Auch die Anfahrt durch die Brasa-Schlucht ist unbedingt zu empfehlen.

Start & Ziel & Anreise

Unser Ausgangspunkt ist Pieve. Von der A 22 fahren wir mit dem Auto über Rovereto Sud auf der SS 240 nach Riva del Garda. Wir bleiben auf der Staatsstraße und fahren über den Ledrosee nach Pieve di Ledro. Parkplätze gibt es in der Via Liver. Von Riva del Garda fährt der Bus Nr. B214 Richtung Pieve di Bono. Haltestelle ist Pieve di Ledro.

Tourenbeschreibung

Wir steigen an der Kirche San Giovanni Battista in Pieve die Via IV Novembre hinauf zur Viale Euorpa. Wir überqueren sie geradeaus in die Via Palazzo/Via Sabbionera und spazieren zwischen den Häusern hindurch. Ein Schotterweg leitet uns nach Nordwesten. An der Dorfstraße halten wir uns kurz links, dann nehmen wir beim Schotter direkt den Weg Nr. 209 nach links, steil hinauf in den Wald. Wir queren einen Bach und folgen dem Valle di Larino abwärts. An der folgenden Kreuzung steigen wir links zu einem Hausdurchgang empor und ins Örtchen Priezzo.

Wir halten uns links, dann gleich rechts durch die Via Levante. Dann biegen wir an der Via dei Gregoi wieder rechts ab und gehen zur Bushaltestelle. Dort geht's vis-à-vis weiter die Via Musio hinauf. Die Straße beschreibt eine S-Kurve, an der Gabelung biegen wir scharf links ab. In wenigen Schritten erreichen wir über die

Via Voltofol die Häuser. Hier nochmals nach rechts geschwenkt, durch einen Hausdurchgang und am Ortsende über einen herrlichen Waldpfad weiter bergan. Wir passieren ein Geo Resort und halten uns links in den kleinen, malerischen Ort Sompriezzo.

Vor der hübschen Kirche folgen wir der Straße kurz Richtung Parkplatz, dann biegen wir links in einen herrlichen Wiesenweg mit der Nr. 267 ein. Gut markiert führt er uns in den Wald. Vorbei an einem ehemaligen Kalkofen und dem Rastplatz „La Tartufaia" wandern wir sanft bergan bis an eine Abzweigung kurz vor dem nördlichen Voiandes. Wir folgen der Nr. 267 nach links, kurz darauf noch einmal rechts herum. Die schönen Almwiesen von Tremosine im Blick geht's bis zur Straße. Wir halten uns links zum Haus Cà del Lupo.

Über die Via Nevese erreichen wir den Wald. An der Gabelung geht's dann rechts entlang des Waldrandes, an einem großen Gehöft vorbei. An der Bocca di Nevese eröffnet sich uns ein toller Rundumblick auf die Hochebene. Im Süden erheben sich die Monti Castello und Denervo. Wir folgen der Straße hinab Richtung Pregasio. Zehn Minuten später halten wir uns links. Dann spazieren wir durch Wald, links Richtung Osten über die Via Coste und in großen Schwüngen hinab nach Mezzema. Die Via Mezzema führt uns links Richtung Pieve. Bald knicken wir rechts in die Via Luciano Turri und schließlich links über die Viale Europa zurück zur Kirche in Pieve.

C. Tignalga
1409

Vallone

Valle Larga
645

La Cocca
994

Vesio
La Busa
S. Bartolomeo
Mezza Campagna
571
Paludi

Glera
V.gio
Sentiero
molto male!
S. Antonio
Ustecchio
Ponte
Burdof
500

Spiazzi

C.na
Tignalga

Polzone

Voiandes
592

Villa

V.la
Campi

Le Balze
Hotel
Le Balze

Valle Brasa

Voltino
559

Biaie

M. Casarole
1140

Caseificio
Tremosine
Alpe del Garda

Fontana
Acquafredda

Ca
del Lupo

Vol To Fol
Ponti

Sompriezzo

Mure

Diaclasi
di Voltino

Punta di
Corlor

Campiglio

Sermerio
Prà Grasso

M. Nai
856

Ca
Delaini

Musio
Secastello

Priezzo

Com. Tremosine
sul Garda

45bis

Largo dei
Minatori

Natone
645

Prione

il Ponti-
cello

Colle
Oscura

Bocca di
Nevese
763

Le Valli

Volpera

Pieve
413

Castone

Porto

ex Porto di
Tremosine

V. Bren

V. delle Nocciole

Prato
de Bont

Suppiane
di Sotto

475

Cadignano

682

C. Estre

Mezzema

Arias

V. dei Molinelli

Molinelli-
di Sopra

Pregasio
478

Lo

Vagne

C. di Traval
1186

M. Asino
1194

Piemp

Tremure

Tesum

18

S. Zenone

M

Univela

Campione
del Garda

Le Fornaci
Cima Piemp
1165
C.na Piemp

Dosso Piemp
1212

Rif.

Prabione
534

474
Campogrande

V. di Consul

V. di Pesaer

Dosso della Forca
894

V. di Quer

M. Castello

779

C. del
Sares

Mad. di
Montecastello
683

Garda

C. Consol

Salvelie

C. del
Bosco

Bosco
di Sotto

D.so Gumer
793

Naro
Olzano
647

Bernico
624

Mus. del Parco Alto
Garda Bresciano

Com. Tignale

Gardola
555

346

C.na Graino

Aer
567

Punta
Forbisicle

C.na Pressa
Loc.
Resem
C.na
Bornico

Oldesio

Isola
Trimelone

V. di Bornico

Noezzo

45bis

82

Al Paggio

Piovere
458

Prato della Fame
Ecomuseo delle Limonaie

65

M. Rocchetta
912

Orto degli Ulivi

Lucia
Monja

Castello
di Brenzone

Belfiore
Park Hotel

Denis

C.na Pasini

Lago di Garda

Perotti
315

Muslone
463

170

0   500 m

nano

Primavera

S. Giovanni

S. Antonio
delle Pontare

Panoramatour 18

Madonna di Montecastello

Panoramarunde über dem beliebtesten Pilgerort am Gardasee

DAUER	2h
LÄNGE	5 km
HÖHENMETER	290 hm
SCHWIERIGKEIT	LEICHT
MIT ÖPNV ERREICHBAR	ja

Das erwartet dich ...

Die Wanderung ist kurz und einfach, aber auch recht abenteuerlich. Der Anstieg ist sehr steil und verläuft teilweise über Stufen. Vorsicht ist bei den Abgründen geboten, hier geht es teilweise ungesichert tief hinunter. Empfehlenswert ist der Besuch der Wallfahrtskirche. Sie stammt aus dem 17. Jahrhundert und thront in atemberaubender Lage etwa 700 Meter über dem Gardasee.

Start & Ziel & Anreise

Unsere kleine Runde beginnt in Prabione. Über die A 22 fahren wir mit dem PKW bis Rovereto Sud. Die SS 240 bringt uns an die Nordspitze des Gardasees. In Riva del Garda wechseln wir auf die SS 45bis, die sich nun am Westufer des Sees entlangschlängelt. 6 km nach Campione scharf rechts über die SP 38 nach Prabione. Parkmöglichkeiten gibt es am Schwimmbad. Der Bus LN001 fährt von Gargnone nach Tignale Prabione.

Tourenbeschreibung

Wir spazieren vom Centro Visitatori Richtung Adventure Park. Nach Süden zu passieren wir einen Sportplatz und den „Giardino dei Cinque sensi" – den Garten der fünf Sinne. An der ersten Kreuzung geht's links am Eingang zum Kletterpark vorbei. Dem nächsten Wegabzweig folgen wir nach rechts Richtung Monte Castello. Nach einem Weiher unterhalb einzelner Kletterpark-Stationen erreichen wir am Ende eines Zaunes eine Weggabelung. Die Markierung 266 schickt uns links zum „Monte Cas". Rechts liegt unser späterer Rückweg.

Ein Bergpfad leitet uns rechts an Eichen und Buchen vorbei zum nächsten Abzweig. Wir wenden uns wieder nach rechts, steil hinauf über ein kleines Geröllfeld mit schönem Blick gen Norden. Links folgen steile und anstrengende Stufen in felsigen Serpentinen. Die Pfade nach rechts beachten wir nicht. Am Abzweig wenden wir uns erneut nach links, immer die Richtung „Monte Cas" im Blick.

Oben treffen wir auf einen tollen Felsvorsprung, der uns einen schönen Seeblick ermöglicht.

Wir halten ein wenig Abstand zu den senkrecht abfallenden Felswänden des Monte Castello. Weiter geht's an einigen Schächten und Höhlen aus dem Ersten Weltkrieg vorbei, stets entlang der Abbruchkante Richtung Südwesten. Am Ende der Ostflanke gelangen wir scharf rechts nach wenigen Minuten zum großen Gipfelkreuz des Monte Castello. Wir schlendern durch den Mischwald hinab, an Kriegsstollen vorbei. Ein Rechtsbogen leitet über einen kleinen Felsbrocken hinauf zu einem hübschen Panoramapunkt. Kurze Zeit später stehen wir vor den Gärten der Klosteranlage. Über viele Stufen erreichen wir das einzigartige Santuario della Madonna di Montecastello.

Nachdem wir den vergoldeten Altar und die bedeutenden Fresken inspiziert haben, stärken wir uns noch in der Bar. Dann geht es abwärts. Wir folgen der Zufahrtsstraße in steilen Kehren und von Bildstöcken gesäumt hinab. Der verkehrsreichen SP 38 folgen wir nach rechts. 600 Meter später stehen wir am Bus-Parkplatz. Hier führt rechts eine kleine Straße hinauf, dann schwenken wir links auf den Pfad Richtung Campione. Nach zehn Minuten stehen wir an der bekannten Weggabelung und schlendern auf dem Anfangsweg zurück zum Centro visitatori.

Unser
Highlight

19

Dos d'Ovri 1403
Bocca di Casèt 1603
Piana di Casèt
1269 M.ga Giù
1244 Cà de Mez 1238
1318 M. d. Fogge

La Rocca 1198
Calmandria 1125
1184
1538
V. della Schinchea
Bochet de Casèt 1645
Bivacco La Pertica 1485
Val Pur Casine

Futur Ampola 1226
Piani del Monte
1307
Ponte dei Ri 1123
Corno Spezzato 1856
1822
1689
M.ga Tremalzo di Molina 1543
C. Tuflung Passo dei Gaton 17

C. Sest 1377
Prato del Cantone
Piante 1373
M.ga Tiarno di Sotto 1437
Costone Frattone
Rif. Garibaldi 1521
Tremalzo 1589
Costone Pareghec
M. Tremalzo 1973
Bocca di Val Marza 1787
1863
1637

Bragone del Sole 1556
M.ga Pegol 1555
1348
Rif. Guella 1584
M.ga Tiarno di Sopra 1580
Rif. Bezzecca 1526
Alb. Rist. Garda 1686
M.ga Ciapa 1619
1952
Corno di Marogna

1540
1558
C. Avèz 1895
1567
1837
M. Lavino
Pso Tremalzo 1668
Pso d. Dil
1807
C. del Dil
1724
Val Marza
Tacchetto Basso 1619
Bocca di Fobia 1286
Ex M.ga di Fobia
C. Pilastro

1642
1362
La Costa
C. del Levrèr 1811
M.ga Pra di Lavino 1632
Pso della Cocca 1526
Cima Bussa
1461
1352
Valle di Propiano
V. Prà delle Noci
P.ta Molvina 1522
C. delle Sclape 1534

Selvaronda
1801
D.so d. Fame
M.ga Spiazzo 1359
M.ga Ca. dell'Era
1344
V. Pra di Lavino
Val di Nai
685 M.ga Prà delle Noci
Bocchetta di Nansesa 1294

C. del Fratone 1795
P.ta Vesina
1395
Val di Preda
Pozza del Lupo
Piazzol 1044

M.ga Valesina 1201
C. Camerone
1169
Costa M.di Mezzo
C.na Monte di Mezzo 907
C. delle Volte 1422

M.ga di Lorina 1380
Valle di Lorina
M.ga di Negrini 748
Torrente San Michele
M. Zenone 1425

Bocca di Lorina 1431
1423
P. di Cisano
1364
M. Murazzo
Degara
Valle Negrini
635
19
Tremosine-San Michele
1272
C. Mughera

M. Caplone (C. d. Guardia) 1976
1775 C. di Berlinghera
Valle di Campo
V. di Cisano
M.ga Pom del Pin 731
Eremo di S. Michele
577

C. Bus de Bali 1736
Cul de la Caneva
1101
M. Festas 949
Valle Formigher
Val Michele Vallone

Val della Caneva
Cuei di Besolone
1715
1726
V. Bus de Bali
M. Tasce 1184
Valle della Puria
Spiazzi

Cime del Costone
Selva Bella
M.ga della Puria di Tremosine 1200
C. Tignalga 1409
C.na Tignalga

Val di Cadria
Traini
Pso della Puria 1374
M. Puria 1475
Brazare
M. Casarole 1140

Proalio
1200
M.ga della Puria di Tignale
Pso di Scarpape 1242
Sermerio Prà Grasso

Cadria 943
dell'Erea
Punta di Baragnolo
Valle Tignala
Campiglio

0   500 m

Wasserfalltour 19

Tremosine & Tremalzo
Naturschauspiele auf langen, einsamen Waldpfaden

DAUER	7h 20min
LÄNGE	20 km
HÖHENMETER	1280 hm
SCHWIERIGKEIT	MITTEL
MIT ÖPNV ERREICHBAR	ja

Das erwartet dich ...

Heute haben wir eine lange Runde mit beachtlichen Höhenmetern vor uns. Meist läuft die Runde jedoch bequem über Schotterstraßen und Waldpfade. Der Abstieg von der Malga Ciapa ist steil und auf Geröll rutschig. Der Anstieg ist lang, wir benötigen ausreichend Wasservorräte. Fitness und ein bisschen Orientierungssinn sind heute in jedem Falle hilfreich. Gipfel gibt es heute keine, dafür ein paar spritzige Wasserfälle und ein tolles Bergrestaurant inmitten zauberhafter Natur.

Start & Ziel & Anreise

Wir beginnen unsere Tour am Staubecken San Michele. Von der Autobahn fahren wir ab Rovereto Sud über die SS 240 nach Riva del Garda. Hier weiter auf der SS 45bis nach Limone. Dort halten wir uns kurz vor Ortsende rechts auf die SP 115. Kurz nach Fucine weiter auf der SP 38 bis San Michele. Keine Anfahrt mit öffentlichen Verkehrsmitteln möglich.

Tourenbeschreibung

Wir gehen am Staubecken San Michele links an einigen Ferienhäusern vorbei, ohne Markierung durch das Valle di Negrini. Nach einer Brücke halten wir uns an allen Abzweigungen geradeaus. Hinter einer Schranke steigt der Weg bis zur Malga di Negrini an. Links neben der Hütte befindet sich der Einstieg zum eindrucksvollen „Sentiero delle Tracce". Wir queren den Lorina Bach und wandern steil bergan. An der Weggabelung geht's rechts weiter über Wiesen- und Waldpfade. Um uns herum gedeiht herrlich grüner, unberührter Mischwald. Nach dem Unterschlupf „Loc Fico" steigen wir steile Serpentinen bergwärts. Eisenstufen erleichtern das Erklimmen des Felsens, dann geht's kurz hinab und zurück zum Bach.

Ein Wasserfall begrüßt uns rauschend am Eingang einer engen Schlucht, die wir auf brückenlosen Übergängen durchqueren. Die Vegetation ändert sich: Moose,

Pilze und Distelgewächse säumen unseren Weg. Nach einem Picknickplatz queren wir ein letztes Mal den Bach. Der Pfad schlängelt sich durch herrlichen Nadelwald hinauf. An der folgenden Gabelung halten wir uns rechts, hinab und durch ein Gatter. Über Weiden steigen wir wieder hinauf zur schlichten Malga di Lorina.

Wir folgen einem breiten Forstweg nach rechts zur Tremalzo-Straße, auf der wir geradeaus weiter wandern. Nach 25 Minuten treffen wir auf den Pisù-Wasserfall, der an heißen Tagen ein erfrischender Segen ist. Nach der Malga Cà dall'Ecra führt die Route im Zickzack durch die Wiesen zum Passo della Cocca. Nach links führt die Markierung Nr. 224 bergan. Knapp unterhalb des Passo di Tremalzo erreichen wir die bewirtschaftete Malga Ciapa.

Unter der Almhütte zweigt rechts der Bergpfad 222 in den Wald hinab ab. Steil leitet er uns zu einem Querweg, dem wir nach links folgen. Bei der folgenden Geröllpassage benötigen wir einen festen Tritt. Über steile Serpentinen fällt der Weg Nr. 222 ins Tal ab. Dabei haben wir stets den Blick auf die Punta Molvina gerichtet. An der Weggabelung geht es geradeaus hinunter. Bald sind wir von mehreren Kaskaden mit Wassermulden umgeben, und stetig springen wir über kleine Bächlein, die unseren Weg kreuzen. Ein wahrer Plätscherspaß an heißen Tagen – vor allem am San Michele-Bach im herrlichen Walnusstal. Schließlich wechselt der Weg zur linken Bachseite. Er steigt kurz zu den Gebäuden der Malga Prà delle Noci an. Hier queren wir den Bach nach links, über ein paar Steine zur Schotterstraße. Zwanzig Minuten später erreichen wir den Abzweig „Eremo". Wir gehen rechts hinauf, dann wechseln wir nach links in eine Senke. Schließlich stehen wir etwas weiter oben an der Einsiedelei Eremo di San Michele. Zurück in der Senke nehmen wir rechts einen kleinen Steig hinab zur Straße. Wenige Schritte später stehen wir am Staubecken San Michele.

Autoren Tipp

Lohnend ist ein Ausflug zur Käserei „Alpe del Garda" Tremosine. In Polzone werden Milchprodukte angeboten, im eigenen Restaurant serviert oder an zahlreiche Agriturismo-Betriebe ausgeliefert. Joghurt, Butter, Ricotta, Eis oder der köstliche Tremosine-Käse. Schlemmereien in bester Qualität. Die Käserei hat im Sommer täglich von 9 bis 19 Uhr geöffnet. Im Winter sind die Öffnungszeiten verkürzt.

Corno
Corna del Vescov 1318
di Sotto 1018
Festaggio-
di Sopra 1105
1064
1164
P.te della Chiave
1588
1624
1602
1540
1558
C. Avèz 1895
Croc di Leveri
Val-Timone
Plano di Bragone
La Costa
Selvaronda
C. del Levrèr 1811
897
F.li Spessa 1384
1389
1434
Val Segn
V. d'Acquaia
Val Sorda
1567
1642
1801
D.so d. Fame
Dos del Sabiu
1380
D.so dei Larici
1489
V. Brusa
Pozzo Spessa
1420
922
F.li Lorina
1351
1362
C. del Fratone 1795
1230
C. Spessa 1816
Le Pozze
Parech
Valle di Lorina
M.ga Valesina 1201
lagrotta
Alpo
Pra de Dai
1474
1576
1707
M.ga Lorina 1380
M.ga Alpo di Storo 1509
Biv. M.ga Alpo
Dos del Fo 1362
1421
V. del Comune
1548
Rif. Alpo 1500
Plane del Sale
1738
1787
Bocca di Lorina 1431
Bastei
M.ga Alpo di Bondone
Frattalonga
C. Tombea
Bocca di Campei
1947 1822
M. Caplone (C. d. Guardia)
Bocca del Giu
1470
1775
1882
Malga Tombea 1840
1976
1775
Valle di Campo
Bocca di Cablone
D.so delle Saette
Tombea
Corna Rossa 1653
Il Bait
Val della Caneva
C. di Berlinghera
C. Bus de Bali 1736
D.so del Sellarollo
Corni e Vergone
Cul del Vil
Bocca Pagana 1231
Cul de la Caneva
Bocca di Valle 1392
Grotta del Salvani 1042
Pilaster 1275
M.ga Alvezza 1266
Cuei di Besolone
Golda di Peri
P.te Franato
Azone
Salemona
Selva Bella
Cima Pase 1529
Vott
Denai
Bus de Bai Gaz Grande
20
Proaio
Traini
Camin di Vott
Foger
Magasa 970
Resti di Tombe Romane
Rif. Cima Rest 1200
Cima Rest 1201
Val di Cadria
Roccolo di Nago
F.le Plazza 1136
Rif. lo Scoiattolo 1270
Cadria 943
Selva
M. Pralta 1223
El Taju
Armo 848
Coste di Rango
Conralu 714
Dos da Crus 1088
V. dell' Erea
Proal
Rango
F.le Spiaz
Cima Gusauer 1421
Marmarolle
C.na Maranch
Alle Piane
Turano 680
Coste delle Ombrie
Dos Seraur
Fornello
Ronchi
Moerna
Al Piano
Com. Valvestino
1152
Bocca alla Croce
Corsenich 811
V. di Pier
Tezolo
S. Rocco 989
C. di Camiolo
1234
1227
Droane
S. Virgilio
Pso della
1100
Fucina
Val di Sas
Sabbionere

0   500m

Almentour 20

Cima Tombea

Panoramawanderung mit weitläufiger Almenkulisse

DAUER	4h 15min
LÄNGE	13 km
HÖHENMETER	945 hm
SCHWIERIGKEIT	MITTEL
MIT ÖPNV ERREICHBAR	nein

Das erwartet dich ...

Die malerische Runde führt uns über Schotter- und Wiesenpfade hinauf zum Gipfel, an dem der absolute Panoramagenuss auf uns wartet. Am Gipfelanstieg kann es leicht geröllig werden. Der Rückweg nach Il Bait ist nicht markiert, hier braucht es erhöhte Aufmerksamkeit. Die Route ist fast schattenlos, ein ausreichender Wasservorrat ist also dringend angeraten. Empfohlen ist auch ein Abstecher zu den Gebirgsdörfern Magasa und Cadira in der wildromantischen, einsamen Bergregion.

Start & Ziel & Anreise

Wir beginnen die spannende Panoramarunde am Rifugio Cima Rest. Nachdem wir die Ausfahrt Rovereto Sud/Lago di Garda Nord genommen haben, folgen wir der SS 240 über Riva. Hier geht's auf der SS 45bis an der Westseite des Sees entlang. In Gargnano wechseln wir auf die SP 9, die uns in vielen Kehren zum Lago Valvestino bringt. Nach dem See halten wir uns rechts, die letzten 10 km hinauf nach Rest.

Tourenbeschreibung

Zunächst spazieren wir oberhalb des Parkplatzes vom Rifugio Cima Rest die Straße nach links hinauf. Noch vor der kleinen Kapelle schwenken wir rechts in das Sträßlein Richtung Malga Tombea. Die Markierung Nr. 69 leitet uns die ersten 500 m sehr steil hinauf. Über einen Schotterabschnitt geht's wieder bergab zur Malga Alvezza. Wir folgen der Route um einen gepflasterten Rechtsbogen bis zu einer Bank mit Schautafel.

Wir schlendern weiter geradeaus, am zweiten Linksabzweig schlagen wir den Weg Nr. 66 Richtung Malga Tombea ein. Ein Wiesenpfad führt uns in den Wald, an einem kleinen Wasserfall vorbei und dann in Serpentinen zu einem kleinen Felsenturm. Danach erwarten uns offene, weite Grashänge. Der Blick nach Süden ist nahezu perfekt. Ein wenig links gehalten wandern wir auf dem breiten Wiesenweg an ein paar Bänken vorbei. Vor uns erstrahlt der mächtige Monte Caplone.

Und auch auf die Cima Tombea haben wir endlich freie Sicht. An der Weggabelung richten wir uns nach der Markierung Nr. 67, die uns direkt zur privat geführten Malga Tombea leitet.

Oberhalb der Alm zweigt rechts der schmale und steinige Gipfelweg ab. Wir steigen in Serpentinen und auf gerölligem Untergrund an. Dann stehen wir am grasigen Kamm der Cima Tombea. Ein gemauertes Rondell weist auf einige umliegende Gipfel hin. Der Blick ist grandios und zieht uns eine ganze Weile in seinen Bann. Auch die Erkundung der kleinen ehemaligen Kriegskavernen verlängert unsere Rast. Dann machen wir uns an den Abstieg, wofür wir zunächst zur Alm zurückkehren.

Wir wenden uns auf der früheren Kriegsstraße nach rechts. Links liegt der Hügel Dosso delle Saette, rechts erblicken wir einige Kriegsgalerien. Zwanzig Minuten später stehen wir an der Bocca di Cablone, an der uns eine kleine Madonnenfigur erwartet. Markierungslos folgen wir der aussichtsreichen Schotterstraße nach links hinab. Eine halbe Stunde später zweigen wir an einem Eisenzaun links ab, zur Privathütte Il Bait. Weitere fünfzehn Minuten später leitet uns ein unmarkierter Pfad über Weiden hinab. Wir umgehen ein Waldstück auf der rechten Seite, dann treffen wir auf unseren bekannten Abzweig. Wir folgen ihm nach rechts, auf dem Anstiegsweg zurück.

M. Zenone
1425

V. degli Egoli
I Docci
649

M.ga Pra
di Toni
1037

M.ga
Zenone
1195

Marai

Piazzale
Angelini

Segale

Bocca
Sospiri
1026

Campaldo

S. Pietro

Villa Lucia
Nanzel

S. Marco

V. Pura

1272
C. Mughera

La Cocca
994

Riserva
Naturale
Valle di Bondo

bestOne
bicigrill
663

Dalvra Alta
1048

Fornaci
742

M. Bestone
916

Bocchetta
Rocca

Bazzanega
Sentiero
molto male!

Tamazzo
222

Spiazzi

Voiandes
592

Vesio

La Busa

S. Bartolomeo
571

Villa

Valle
Larga

a Breda
645

Mezza Campagna

Paludi

V.la
Campi

Le Balze
Hotel
Le Balze

Glera

V.gio
Turistico

Ponte
Burdol

Ustecchio

Caseificio
Tremosine
Alpe del Garda

Polzone

Cà
del Lupo

Cà
Delaini

Sompriezzo

Musio

Secastello

Priezzo

S. Antonio

Mure

Punta di
Corlor

Fontana
Acquamedia

M. Nai
856

Voltino
559

Diaclasi
di Voltino

310

Sermerio
Pra Grasso

Com. Tremosine

sul Garda

Bocca di
Nevese
763

Le Valli

Pozza del Gas

45bis

Largo dei
Minatori

Natone
645

Prione

il Ponti-
cello

Colle
Oscura

Volpera

Pieve
413

Castone

Mezzema

ex Porto di
Tremosine

Porto

Suppiane
di Sotto

475

Cadignano

682

C. Estre

Arias

Prato
de Bont

Molinelli-
di Sopra

Pregasio
478

Tesum

Tremure

S. Zenone

Vigne

Univela

21

Campione
del Garda

Isola
dell'Olivo

Val di
Sogno

Prabione
534

474
Campograne

Isola
Val di Sogno

Com. Tignale

M. Castello
779

Dosso della Forca
894

Naro
Olzano
647

C. del
Seres

Mad. di
Montecastello
683

Mus. del Parco Alto
Garda Bresciano

346

Museo
del Lago

249

Cassone

Gardola
555

Punta
Forbisicle

La Toresela

Le Vigne

Oldesio

Panorama

Antonio

Fichet
304

45bis

Prato della Fame
Ecomuseo delle Limonaie

Isola
Trimelone

82

Bellavista

Assenza

Sommavilla
127

Capitello
della Mérla

Orto degli Ulivi

65

Balot tàca via
Fossa

Lucia

Borago

Monja

Castello

0   500 m

Aussichtstour 21

Campone del Garda
Schluchtenpfade zu den berühmten „Schauderterrassen" von Pieve

DAUER	3h
LÄNGE	6,7 km
HÖHENMETER	515 hm
SCHWIERIGKEIT	MITTEL
MIT ÖPNV ERREICHBAR	ja

Das erwartet dich ...

Die heutige Wanderung ist kurz, dafür umso sportlicher und sehr abwechslungsreich. Auf- und Abstiege führen uns teilweise durch felsige Steilhänge, was mitunter recht anstrengend werden kann. Die Route ist meist markiert, außer bei Ló. Trittsicherheit und ausreichend Wasser sollten heute im Gepäck dabei sein. Campione ist ein Hotspot für Kitesurfer und lädt am Ende der Tour zum Zuschauen ein.

Aussichtstour 21

Start & Ziel & Anreise

Unser Startpunkt lieg in Campione del Garda. Wir verlassen die A 22 wieder bei Rovereto Sud und nehmen die SS 240 bis zum Gardasee. In Riva del Garda geht's auf der Uferstraße SS45bis weiter bis nach Campione del Garda. In der Ortsmitte gibt es einen großen Parkplatz. Mit dem Bus 301 geht's von Trient nach Riva. Hier steigen wir an der Kirche in den Bus LN027 Richtung Desenzano um. Haltestelle ist Campione.

Tourenbeschreibung

Wir starten in Campione del Garda an der Piazza Arrighini. Der freundliche Ort war einst berühmt für seine Seidenspinnerei. Der Hafen von Tremosine hat ihm eine bedeutungsvolle Rolle für den Versorgungstransport verliehen. Rasch queren wir die Brücke über den San Michele, dann richten wir uns nach der Markierung Nr. 267 Richtung Pregasio. Nach zehnminütigem Treppensteigen kühlen wir uns an einem Wasserfall ab. Dafür folgen wir einem seilversicherten Trampelpfad hinab. Weiter geht's über viele Serpentinen in die Schlucht. Nach einem Tunnel halten wir uns am Wegweiser rechts, überschreiten eine Brücke und folgen auf der anderen Schluchtseite den Kehren im Fels steil hinauf. Oben stoßen wir auf eine betonierte Straße.

Wir spazieren durch einen Olivenhain, dann braucht es unsere ganze Aufmerksamkeit: Etwa 100 m nach dem letzten Haus, kurz vor der Straßenkurve, zweigt rechts ein zunächst unmarkierter Weg ab. Dieser Punkt nennt sich Ló. An einer Steinmauer entlang verwandelt sich unser Weg dann in einen wunderschönen Wiesenpfad. Wenig später folgen wir einer breiten Forststraße auf und ab, queren einen Bach und stoßen auf die „Viale Europa". Zu unserer Rechten erblicken wir das Hotel Paradiso, das uns zu einem Cappucino einlädt. Der Panoramablick von der so genannten Schauderterrasse ist herrlich. Sie wurde in atemberaubender Höhe direkt über die senkrechten Felsabgründe gebaut.

Wir folgen der Hauptstraße weiter bis zur Kirche von Pieve. Dann leitet uns die Via 4 Novembre ins verwinkelte Zentrum. Hier befindet sich die bekannte Schauderterrasse am Restaurant Miralago. Davor steigen wir über Stufen und einen alten Bergpfad ins Tal hinab. Unzählige Serpentinen begleiten uns eine gute halbe Stunde, dann gelangen wir zu einer verfallenen Teerstraße. Sie führt uns nach Campione hinab. Nach einer Tunneldurchquerung müssen wir leider 150 Meter durch die neue Straßengalerie auf der linken Seite gehen. In einer Kurve biegen wir wieder rechts auf das aufgelassene Sträßlein ab. Sie verwandelt sich bald zu einem attraktiven Pfad der durch mehrere Tunnels und an einem Wasserfall vorbei führt. Wieder auf Asphalt erreichen wir den Kreisverkehr bei Campione del Garda. Zum Abschluss gönnen wir uns noch ein Eis und einen Sprung in den erfrischenden Gardasee.

M. Nota 880
M. Prà 992 / Prada
Bocchetta della Cocca 1010
1073
1105
Costa 756
Mignone 764
Torrazzo
C.na Galalnti
Malga Nangui 890
1128
Terra e
Valle Paul
Marmer
Pozze
Boldis (rud.) 957

Ronchel
Rocca di Sopra 824
Mani
Mura
Pasiana di Sotto 635
C.na Bertone
C.na Samuel
M.ga di Denervo (rud.) 1373
M. Denervo 1459

Casali 660
Dosso di Barbetto
C.na Fiorini
La Fabbrica 723
Bocchetta di Lovere 1052
C. Campaccio 1036
Valzana 1064
912
M. Rocchetta
C.na Piazze 1111

Selva Boerna
V. Grande
Fioghine
C. Mainetto 1036
Briano 1002
Malga Premaur (rud.)
Paradiso 358
Muslone 463

C.na Bresse 761
M. Magno 1045
Bocca Magno 789
Sambrone 1016
M. Palina 1143
Dosso della Volpe 945
le Fontane
Fornaci
S. Gaudenzio 158
Villa Ottaviani
P.te di S. Valentino
S. Giacomo

Agricampeggio Faldone
C.na Ravazza
M. Caminala 1053
Valle Frera
B.ta Alp. Gargnano 1043
985
C. Comer 1279
Torre 158
Amburana

C.na Martinel 626
C.na Faldone
M. Percasil
M. Beole 1021
950
C.na Faa
Villa Feltrinelli

Casello Vecchio
Val di Magno
Valle della Caminala
M. Forzane
S. di Ranzone
947
933
885
Eremo di S. Valentino 683
Gargnano
Il Pis

M. Castenicol 750
Faidol
V. del Lupo
Grotta Tampilina 962
M. Pler
Tane di Navone
C.na Razone 957
Sislanga
di S. Martino

M. Tarele 870
Bocchetta di Dusina 701
Bocchetta S. Liano 752
Bocchetta di Navone 867
Sasso 531
S. Antonio
Musaga
Chiesa di San Martino

M. Avertis
Liano 586
Volta
Blac
Gargnano 98
Villa Feltrinelli

Formaga 588
S. Rocco
Mariano
Molini
Villa 78

Fornaci 476
Dosso Barata
674
Navazzo 489
S. Maria
Posere
Cornale
San Carlo

C. Verzellina
Segrane di Cima
Sostaga 442
Zuino 207
45bis

Segrane 343
Cima Mezzane 514
Campla Fomico 207
Villa Bettoni
Bogliaco

Le Camerate
Mezzane
Mad.na di Supina
Lama Zenner
Villavetro 101
Roina

Camerate
M. Castello di Gaino 866
830
Gaino-Castello
Nandrallo
Serva
Palada
Mornaga
Lefa'
San Giorgio
Chiaro di Luna

C.na Marcellina
Tuf
Cervano
Bogliaco Golf Resort
Santo Nero

Agritur. Scuderia Castello 285
Cabiana
Scarpera
Nespolo

Gaino 274
Folino
Cussaga
Cecina
325

Pulciano 190
Messaga
San Michele

Lago di Garda

0   500m

22

Kulturtour

Eremo di San Valentino
Zu Besuch bei einer spannenden Pestkapelle

DAUER	3h 30min
LÄNGE	6,5 km
HÖHENMETER	820 hm
SCHWIERIGKEIT	MITTEL
MIT ÖPNV ERREICHBAR	ja

Das erwartet dich ...

Heute erwartet uns eine kurze und knackige Runde. Die An- und Abstiege sind teils sehr steil und führen über Pflaster- und Waldwege. Es gibt viele gesicherte Klettersteigpassagen. Hier sollte man trittsicher und schwindelfrei sein. Andernfalls ist ein Klettersteigset ratsam. Gargnano selbst ist ein herrliches Fleckchen Erde. Der Ort ist zwar klein, dennoch sollte man sich den Bummel durch die zauberhaften Gassen nicht entgehen lassen.

Start & Ziel & Anreise

Unser Ausgangspunkt ist heute Gargnano. Nachdem wir die Ausfahrt Rovereto Sud/Lago di Garda Nord genommen haben, folgen wir der SS 240 über Riva. Hier geht's auf der SS45bis an der Westseite des Sees entlang bis Gargnano. Im Zentrum gibt es ein Parkhaus. Öffentlich können wir von Riva oder Desenzano mit dem Bus LN027 anreisen.

Tourenbeschreibung

Wir schlendern vom Busterminal in Gargnano durch die Via Roma ins Zentrum zur Piazza Feltrinelli. Sie liegt direkt am Hafen. Nach ein paar hübschen Cafés und Läden stehen wir am Palazzo Feltrinelli. 700 m weiter nördlich befindet sich die Villa Feltrinelli. Sie gehört heute zur Universität von Mailand. Wir biegen links in die Via D.P. Adami hinauf ein; in der Kurve halten wir uns erneut links in die Via Dosso/Via Alloro, unter der Hauptstraße durch. Ein Pflasterweg führt uns zwischen den Mauern hinauf. Feigen- und Olivenbäume säumen unseren Weg. Am ersten Heiligenschrein geht es rechts in die Via Quarcina. Beim zweiten Heiligenschrein halten wir uns geradeaus, leicht ansteigend auf der Markierung Nr. 34.

Mitten im Olivenhain zweigt in einer Linkskurve rechter Hand ein markierter Wiesenpfad ab. Er führt uns zu einem idyllischen Weingarten. An der asphaltierten Straße geht's kurz links beim Strommast die Stufen hinauf. Bald folgen wir einem steilen, grünen Naturpfad, der sich im Wald an Stechpalmen und Farnen vorbei durch das Valle di San Martino schlängelt. Rechts herum leitet die Route über eine Bachmulde zur Weggabelung. Wir folgen dem Hohlpfad nach rechts Richtung Muslone. An der nächsten Gabelung schwenken wir links auf den gelben Punkt. Auf und ab, dann senkt der Pfad sich ca. 50 m zu ein paar Steinmännchen hinab. Wenig später stehen wir an einem Strommast mit Panoramablick auf Gargnano und den See. Der schmale Steig biegt links hinauf Richtung San Valentino. Gute 40 Minuten steigen wir den mit Drahtseilen versicherten Steig hinauf. An manch felsiger Stelle kann es schon mal rutschig werden. Oben an der Pestkapelle Eremo di San Valentino erwartet uns zur Belohnung ein eindrucksvoller Ausblick unter Zypressen. Wir wenden uns links am Grillplatz vorbei. Serpentinen begleiten uns steil wieder hinab. Wir passieren eine Holztür, dann stemmen wir einen kurzen Gegenanstieg, bevor es links auf steinigem Weg nach Sasso hinunter geht.

Bei einem Waschbrunnen queren wir die Kreuzung geradewegs. Neben der Bar da Pisturi biegen wir links auf einen Abzweig ab. Sofort geht es wieder rechts herum in die Via del Perdone. Zu unserer Linken befindet sich die sehenswerte Kirche San Antonio. Eine steile Asphaltstraße leitet uns an einem Zaun entlang nach Musega. Mit dem Weg Nr. 19 schlendern wir durch malerische Gassen. Nach dem Parkplatz gehen wir geradeaus bis zur Madonna Santanella delle Laff. Hier schwenken wir links in die Via Pastore hinab, queren die Provinzstraße und steigen steil am Bach entlang hinab auf dem Weg Nr. 37. Wir passieren eine weitere Straße und steigen über die Via Molini steil bergab. Ein schöner Waldweg bringt uns links zurück zum Heiligenschrein. An der Via Quarcina geht's rechts zur Straße hinunter. Wir queren sie und nehmen die letzten Stufen über die Via Convento zurück nach Gargnano.

Autoren Tipp

Stolz thront die weiß gekalkte Pestkapelle San Valentino über Gargnano. Um 1650 kamen einige Bewohner von Gargnano bis knapp unter die Felsen hinauf. Sie entflohen hier oben der ausgebrochenen Pest. So entstand dieser Zufluchtsort. Mindestens zwei Eremiten sollen in den darauffolgenden Jahrhundeten die Kapelle als Rückzugsort genutzt haben, bevor Sie weitgehend verfiel und erst im Jahre 1970 wieder restauriert der Öffentlichkeit zugänglich gemacht werden konnte.

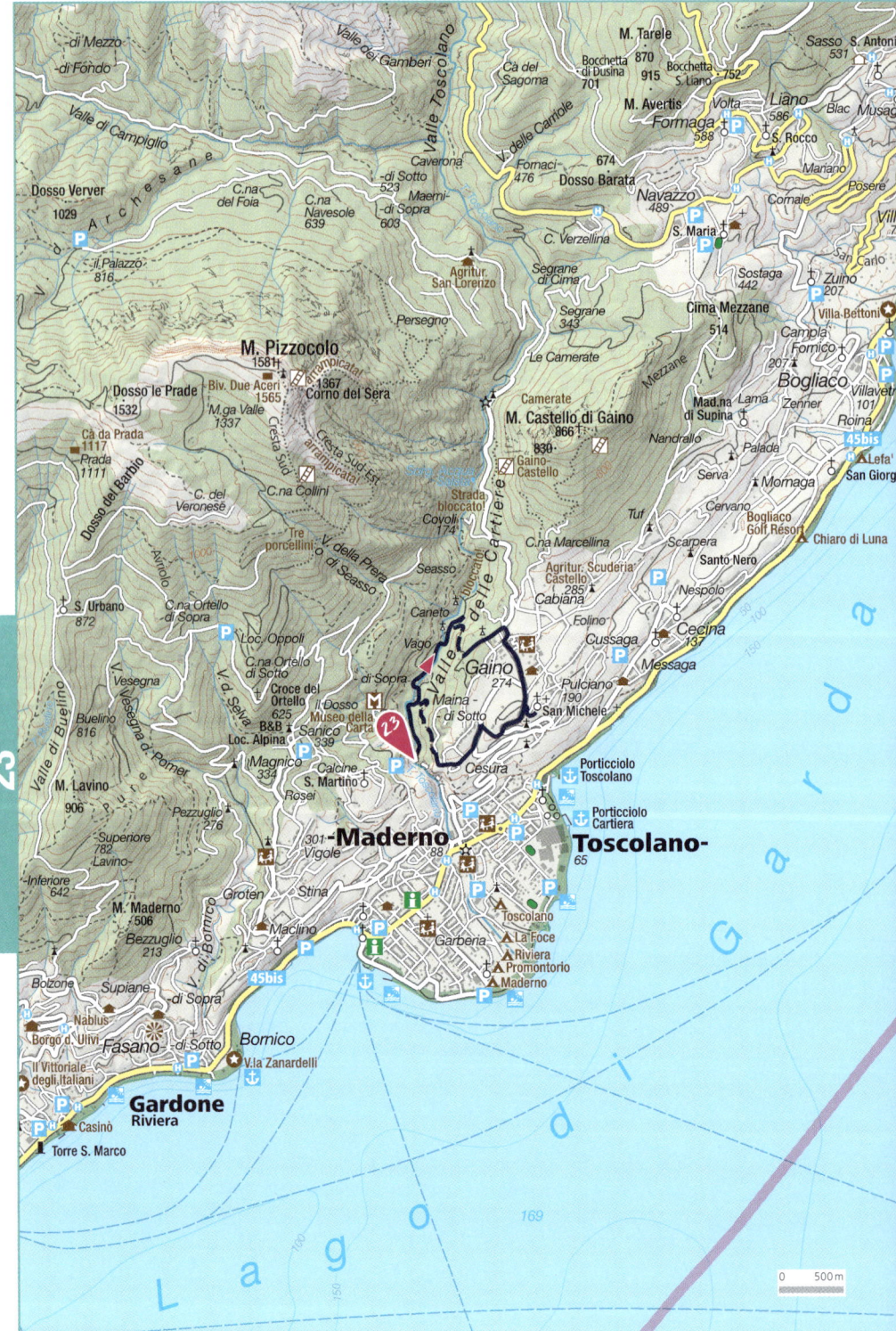

Geschichtstour 23

Valle delle Cartiere

Reise in die Vergangenheit zwischen den Ruinen des Papiermühlentales

DAUER	2h
LÄNGE	5,3 km
HÖHENMETER	275 hm
SCHWIERIGKEIT	LEICHT
MIT ÖPNV ERREICHBAR	ja

Das erwartet dich ...

Die kleine, aber feine Runde führt uns über bequeme Schotterwege und Teerstraßen. Der Aufstieg nach Gaino verläuft über einen kräfteraubenden, grobsteinigen und steilen Weg. Ebenso der Abstieg von Gaino ist steil. In Gaino selbst sind die Markierungen kaum vorhanden, Orientierungssinn ist hier von Vorteil. Ansonsten ist die Wanderung recht gemütlich.

Start & Ziel & Anreise

Die kulturell spannende Runde startet in Toscolano-Maderno, direkt am Papiermühlental. Nachdem wir die Ausfahrt Rovereto Sud genommen haben, folgen
wir der Gardesana über Riva. Hier geht's auf der SS45bis an der Westseite des
Sees entlang. Kurz vor Maderno biegen wir am steinernen Schleifrad bei der Gemeinde rechts ab und fahren bis zum Parkplatz des Valle delle Cartiere. Zwischen
Riva und Desenzano verkehrt der Bus LN027. Haltestelle Toscolano Ponte.

Tourenbeschreibung

Heute machen wir uns auf, mehr über die Geschichte der Papierindustrie am Gardasee zu erfahren. Das mit informativen Schautafeln ausgestattete Papiermühlental eignet sich dafür ideal. Zwischen Mauerresten alter Mühlen, Bachbrücken und
subtropischer Flora verlieren wir uns dabei in der herrlichen Natur. Im urbanen
Gaino dürfen wir wunderbare Ausblicke über den See und in die Weite genießen.

Die Beschilderung „Museo della Carta" lässt uns rasch den Ausgangspunkt des
Papiermühlentales finden. Durch Tunnels und am wilden Fluss Toscolano entlang
fahren wir mit dem Auto ins Tal hinein. Vom Besucherparkplatz geht es zu Fuß
weiter auf einer Schotterstraße, an Felswänden entlang und durch einen Tunnel.
Zu unserer Linken sehen wir bald die Gebäude einer ehemaligen Papierfabrik. Hier
befindet sich das Eco-Museo. Eine kleine Bar lädt in atmosphärischer Stimmung
am rauschenden Bach zur Rast ein.

Wir passieren einige Mühlenkomplexe, dann gelangen wir über eine Steinbrücke links über den Bach nach Maina Superiore. Wir halten uns am Wegweiser rechts und folgen dem Weg Nr. 19 an den Gebäuden von Lupo vorbei. Dabei ist unser Blick stets auf den Felszacken des Monte Gaino gerichtet. Diverse Schautafeln geben Einblick in die Geschichte des Tals. Highlight ist eine Mühlenausgrabung aus dem 16. Jahrhundert. Wir schlendern an Olivenbäumen vorbei und über eine Brücke mit Blick ins obere Tal. Vor der Brücke führt ein abenteuerlicher Pfad links zu einem halbrunden Holzübergang und damit einem schönen Fotomotiv – Achtung, die Stelle ist ungesichert.

Wir passieren die Häuser Caneto und erreichen eine Gabelung. Hier ist der Weg leider wegen eines Felssturzes gesperrt. So wenden wir uns rechts über einen breiten Maultierpfad steil und steinig hinauf Richtung Gaino. Oben halten wir uns am Heiligenschrein links, an wunderschönen Gärten vorbei. An der T-Gabelung leitet uns die Route nach rechts auf die Via F. Cabiana. Dann spazieren wir halbrechts durch eine schmale Gasse direkt nach Gaino hinein. Wir nehmen die Via A. del Sarto beim Spielplatz nach links und schlendern an der Osteria Cantagai vorbei. Weiter auf der Fahrstraße halten wir uns am Zebrastreifen links und statten der prächtigen Kirche San Michele einen Besuch ab. Der Blick auf Toscolano und den See ist malerisch! Wir gehen zurück und folgen der Via Pulciano Gaino gut 300 m nach links bis zur Spitzkehre. Rechter Hand führt ein schmaler Pfad hinauf, an der folgenden Straße gehen wir 200 m nach links. Am Ende der Mauer biegen wir rechts auf einen Schotterweg ein. Wir folgen ihm geradeaus und rechts um die Kurve in den Wald. Dort halten wir uns halblinks, steil nach unten. Serpentinen begleiten uns das letzte Stück zum Papiermühlental zurück. Nach links geht's dann auf bereits bekanntem Weg zurück zum Besucherparkplatz.

Autoren Tipp

Seit 1381 wurde im Valle delle Cartiere Papier hergestellt. Der Toscolano-Bach war dabei ein wichtiger Teil des Produktionsprozesses. Die Papierfabrik von Maina Inferiore aus dem 15. Jahrhundert wurde liebevoll restauriert und zu einem Museum umgestaltet. Das Eco Museo informiert unterhaltsam über die Geschichte der Papierherstellung, zeigt Nachbildungen typischer Maschinen und Arbeitsgeräte und konserviert bedeutende Druckerzeugnisse. Wechselnde Öffnungszeiten.

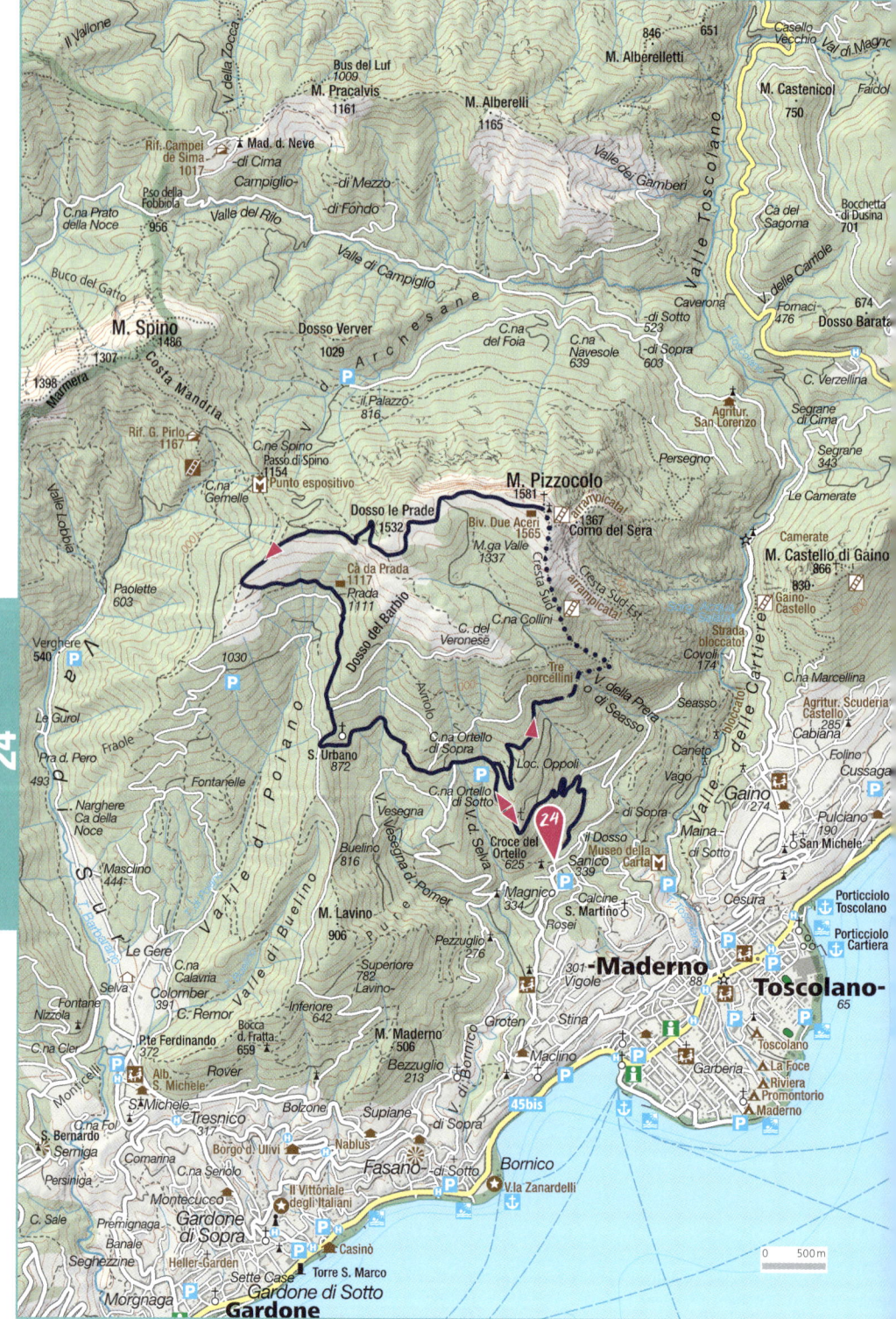

Gipfeltour 24

Monte Pizzocolo
Der höchste Gipfel am südlichen Gardasee

DAUER	6h 20min
LÄNGE	15 km
HÖHENMETER	1300 hm
SCHWIERIGKEIT	SCHWER
MIT ÖPNV ERREICHBAR	ja

Das erwartet dich ...

Heute erwartet uns ein sehr steiler, kraftraubender Aufstieg. Oben wird das Gelände von schrofigen Bergpfaden durchzogen. Der Rückweg ist zwar sehr langwierig, aber auch sehr bequem. Viel Wasser mitnehmen, unterwegs gibt es keine Einkehr! Ausgerechnet der anspruchsvollste Abschnitt liegt in der prallen Sonne. Trittsicherheit ist auf den felsendurchsetzten Steigen wichtig! Belohnt werden wir mit dem markanten Gipfel des Monte Pizzocolo, der höchsten Erhebung kurz vor der Po-Ebene.

Start & Ziel & Anreise

Unser Ausgangspunkt liegt heute in Sanico. Wir verlassen die A 22 wieder bei Rovereto Sud und nehmen die SS 240 bis zum Gardasee. In Riva del Garda geht's auf der Gardesana weiter bis Toscolano-Maderno. Im Zentrum nehmen wir beim Kreisverkehr bei der Gemeinde die erste Ausfahrt auf die Via Montemaderno und folgen dem Straßenverlauf bis Sanico. Im Ort gibt es ein paar wenige Parkplätze.

Tourenbeschreibung

Schon vom idyllischen Örtchen Sanico aus sehen wir den markanten Gipfel des Monte Pizzocolo. Zunächst folgen wir dem Weg Nr. 6 in lang geteerten Kehren und gemütlicher Steigung über die Via Sant'Urbano. An einer Aussichtsbank mit dem Wegkreuz „Croce del Ortello" genießen wir einen tollen Blick hinab nach Gaino und Tscolano. Nach einer dreiviertel Stunde haben wir den Abzweig Località Oppoli erreicht.

Wir wenden uns rechts herum, weiter auf dem Weg Nr. 27. Einmal mehr überwinden wir einige lang gezogene Kehren, bis die Straße schließlich in einen Waldpfad übergeht. Wir erklimmen ein paar Stufen und queren eine Holzbrücke, dann folgen wir dem Bergsteig weiter auf der Markierung 27 links in die anstrengende Südflanke „Cresta Sud". Dabei haben wir stets eine gute Sicht auf den kleinen Nachbargipfel Monte Castello di Gaino. Wir verlassen den Wald, der Weg wird grobsteiniger und steiler. Zwischendurch gönnen wir uns immer wieder eine Verschnaufpause mit Tiefblick auf den kleinen Felsvorsprüngen am Weg. Grobe Steinblöcke verlangen, dass wir zusätzlich Hand an den Fels anlegen. Besonders an einem gesicherten Drahtseilstück knapp über 1000 Meter Höhe.

Schließlich passieren wir noch einmal ein kurzes Waldstück, dann nehmen wir die letzte Steilstufe über Felsen mit tiefen Rinnen. So erreichen wir nach gut drei-einhalb Stunden das Gipfelplateau des Monte Pizzocolo. Oben begrüßt uns die italienische Flagge, die lustig im Wind flattert. Neben dem Gipfelkreuz befindet sich eine urige Schutzhütte. Die Due Aceri hält jedoch nur Notlager mit Selbstver-sorgung bereit. Wir gönnen uns erst einmal eine ausgiebige Pause und lassen den Blick in die Ferne schweifen: Über den See, zum Monte Baldo im Osten, zur Cima Tombea im Norden und über das Valtènesi im Süden.

Ein breiter Steinweg leitet über den Westgrat hinab. Bei der Gabelung nehmen wir den Weg Nr. 11 Richtung Passo di Spino. Auf dem breiten Schotterweg schlängeln wir uns schattenlos und mit freier Sicht hinab. Am Passo delle Prade geht's links mit der Markierung Nr. 23 gen Osten abwärts. Nach dem Biwak Cà da Prada führt ein Forstweg hinunter. Bei der kleinen Kapelle Sant' Urbano folgen wir der Forststraße durch den Wald bis zum bekannten Wegabzweig. Der rest-liche Abstieg erfolgt auf dem Anstiegsweg.

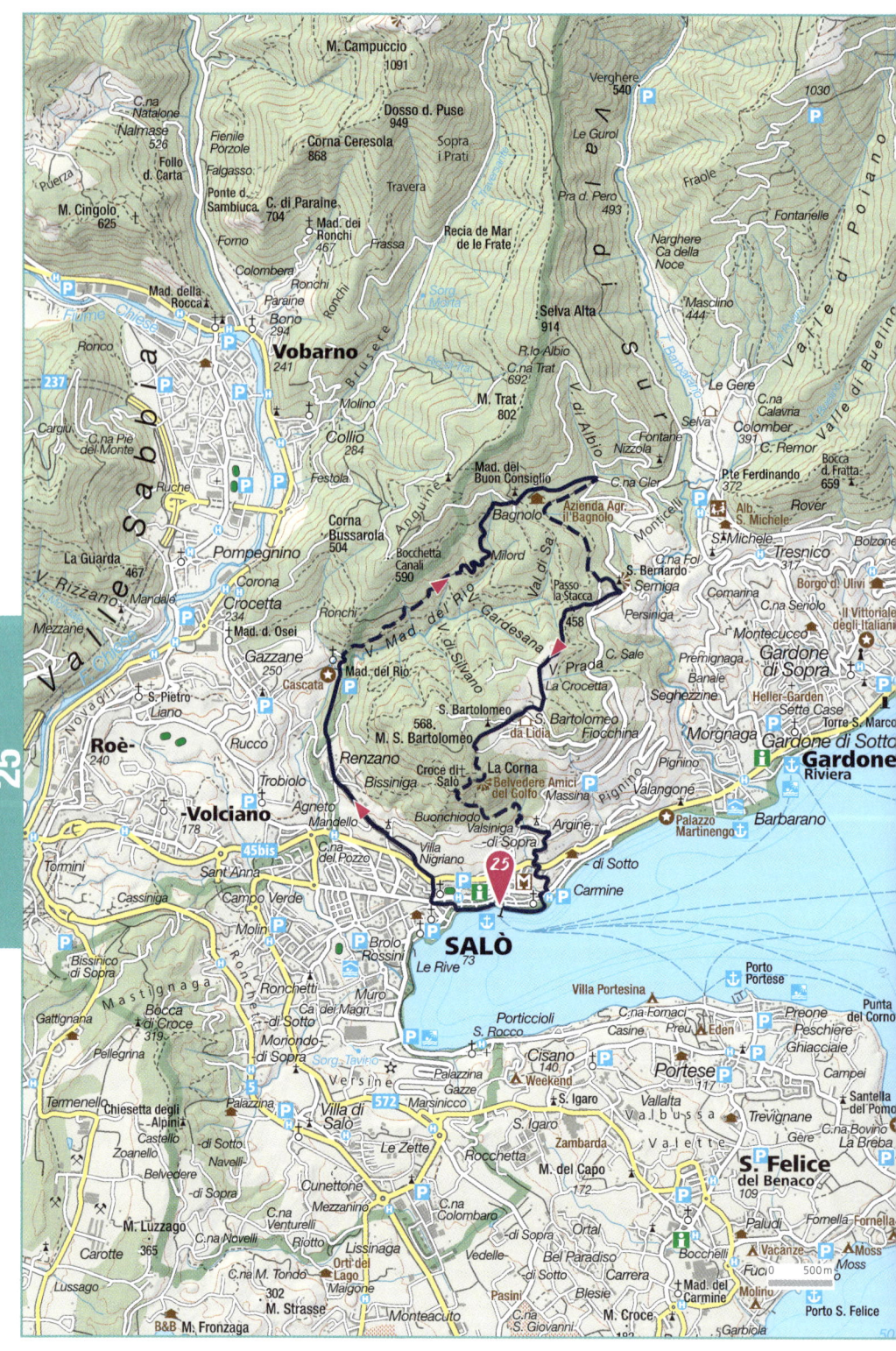

Panoramatour 25

Salò's Bergkirchen
Wald- und Kirchentour
mit Panorama-Spots

DAUER	4h 10min
LÄNGE	12,2 km
HÖHENMETER	570 hm
SCHWIERIGKEIT	MITTEL
MIT ÖPNV ERREICHBAR	ja

Das erwartet dich ...

Eine herrliche Wanderung erwartet uns heute hoch über Salò. Dabei führen uns breite Asphalt- und Schotterstraßen, aber auch schmale Waldpfade. Nach Madonna del Rio finden wir uns in steilem, schrofigem Gelände wieder. Hinter San Bartolomeo gibt es ein Gewirr an Wegen. Hier ist ein wenig Orientierung hilfreich. Die herrlichen Pilgerorte laden zu einem andächtigen Ortsbummel ein. Ob im Wald, am Bach oder auf einem Aussichtshügel, die drei Kirchen sind einfach eine Schau.

Panoramatour 25

Start & Ziel & Anreise

Heute starten wir am Schiffsanleger in Salò. Nachdem wir die Ausfahrt Rovereto Sud/Lago di Garda Nord genommen haben, folgen wir ab Riva der Gardesana am See entlang bis Salò. Parkmöglichkeiten gibt es zu Hauf im Ort. Parkschein nicht vergessen! Öffentlich können wir von Riva oder Desenzano mit dem Bus LN027 anreisen.

Tourenbeschreibung

Vom Schiffsanleger in Salò flanieren wir die schöne Uferpromenade entlang. Nach Westen geht's am Dom und dem Rathaus vorbei. Und natürlich an vielen verlockend einladenden Cafés und Restaurants. Kurz vor einer kleinen Brücke wenden wir uns nach rechts in die Piazza Vittorio Emanuele II. An ihrem Ende gehen wir geradewegs in die Salita Marconi und steigen die 145 Stufen hinauf zum Gardesana Occidentale. Wir gehen hier 200 m nach links, vorsichtig über die Straße, dann folgen wir nach rechts der Straße nach Renzao hinauf.

Am Ende des Dorfes führt uns ein breiter Schotterweg mit der Nr. 16 Richtung „Santuario". Mehr als eine Stunde später erreichen wir die Wallfahrtskirche Madonna del Rio. Wir rasten kurz am großen Picknickplatz, nicht ohne vorher einen Blick auf den dahinter versteckt liegenden Wasserfall zu werfen. Rechts der Kirche wandern wir auf dem Weg Nr. 16 weiter bergauf Richtung Milord. Nach dem

Wald wird der Weg steil, felsig und auch geröllig. Vorbei an einigen Bänken und mit herrlichen Talblicken wenden wir uns am Abzweig beim Tor nach links. Weite Kehren bringen uns an den Häusern von Milordino und Milord vorbei. Dann geht's zweimal rechts und schon stehen wir am Torbogen der Kirche Madonna del Buon Consiglio.

Wir gehen geradewegs zum Restaurant Azienda Agrituristica il Bagnolo. Auf seiner Zufahrtsstraße geht's weiter abwärts zur Kreuzung. Die Route leitet uns scharf nach rechts über Waldforstwege. In einem großen Linksbogen treffen wir auf den Weg Nr. 17A. Zwanzig Minuten später erreichen wir die Kapelle oberhalb von Serniga. Hier wartet ein traumhafter Blick auf den Gardasee. Wir halten uns rechts hinab, gleich darauf biegen wir an der markierten Steinmauer rechts ab. Nach Ortsende schickt uns die Route nach rechts auf die Nr. 17, durch den Laubwald hinauf zum Passo della Stacca. Wir halten uns links entlang einiger Gärten. Wenig später stehen wir an der romanischen Kirche San Bartolomeo.

Wir genießen den spektakulären Blick auf den Gardasee, dann folgen wir dem Weg an einer Schranke vorbei und am Holzzaun entlang in den Wald hinab. Wir bleiben nun stetig auf dem Weg Nr. 17 Richtung Corna bzw. Salò. Er führt uns steil über Geröll hinab bis zum Aussichtspunkt Belvedere mit einer Bank und atemberaubendem Panorama auf die Bucht von Salò. Weiter geht's auf herrlichem Waldpfad nach Westen. Am Abzweig halten wir uns links, steil hinab und dann wieder gen Osten. An einer Straße mit Bank und Wegweiser biegen wir links ein. An der Einfahrt führt uns rechts eine Pflasterstraße steil abwärts weiter. Wir halten uns links, queren die Gardesana und schlüpfen zwischen den Mauern hindurch zur Piazza Carmine. Wir gehen nach rechts zum Kreisverkehr, dann links auf der Uferpromenade entlang zurück zum Schiffsanleger.

Autoren Tipp

Geschützt schmiegt sich das elegante und lebendige Salò in die schmale Bucht am südwestlichen Gardasee. Für das malerische und zugleich quirlige Städtchen sollten wir unbedingt ein wenig Zeit einplanen. Hinter der langen, prachtvollen Uferpromenade erstreckt sich die Altstadt mit einer schmalen Fußgängerzone und vielen kleinen Boutiquen bekannter italienischer Designer. Der Ort wurde erst von den Visconti aus Mailand und später auch von den Venezianern zum Verwaltungssitz des Westufers bestimmt.

Genusstour 26

Manerba del Garda
Strände und Dörfer, dazwischen Natur pur!

DAUER	2h 45min
LÄNGE	8,3 km
HÖHENMETER	170 hm
SCHWIERIGKEIT	LEICHT
MIT ÖPNV ERREICHBAR	ja

Das erwartet dich ...

Manerba ist die größte Gemeinde in Valtènesi. Die Region ist von historischen Schlachten geprägt und es gibt hinsichtlich der Geschichte einiges zu erzählen. Daneben wartet die Gegend mit herrlicher Natur auf. Die heutige Rundwanderung ist einfach und doch abwechslungsreich. Die meiste Zeit führt sie über asphaltierte Wege durch die Ortschaften. Badesachen nicht vergessen!

Start & Ziel & Anreise

Wir starten in Porto Torchio, direkt am Hafen von Manerba in der Via Belvedere. Mit dem Auto fahren wir von Norden wie auch Süden über die Gardesana an. Bei Moniga del Garda wechseln wir auf die SP 39; sie bringt uns ins Zentrum von Manerba. Von Brescia fährt der Bus Nr. LN009 nach Manerba.

Tourenbeschreibung

Wir spazieren vom kleinen Hafen Porto Torchio links über die schöne Uferpromenade Richtung San Felice. Der Teerweg ist markiert und bietet eine schöne Aussicht auf den See. Nach der Hafenbucht gehen wir an der kleinen Landnase über die Brücke des Rio Avigo. Wir passieren eine Eisdiele und ein paar Campingplätze. Am Camping Romantica biegen wir mit der rot-weißen Markierung links ab in die Via G. Verdi. Kurz darauf kommen wir nach Pieve Vecchia.

Hinter der Dorfkirche halten wir uns halbrechts in die Via della Valle. Mit der Markierung 802 spazieren wir durch sattes Grün. Wir queren eine Brücke und wandern weiter bergan bis zu einem Schild, an dem wir rechts abbiegen und über die Via G. Marconi nach Balbiana gelangen. Unterhalb des Parkplatzes der Pizzeria befindet sich ein verstecktes Freilichttheater mit Blick auf Manerba. Auch der Kirche Santa Lucia statten wir einen Besuch ab, um ihre eindrucksvollen Fresken zu bewundern. Vor der Hauptstraße biegen wir scharf links ab. Wir folgen der Via della Valle bis zu ihrem Ende, dann leitet uns die Via Cantarane nach rechts. Am Gehsteig wenden wir uns links dem Zentrum von Solarolo zu. Besonders prunkvoll mutet das Innere der Pfarrkirche Santa Maria Assunta an. Unter dem Vorplatz hinter den Stufen findet jeden Freitag ein Markt statt. Nach der Kirche leitet uns die Via D. A. Merici bis zum Postamt. Hier geht's links hinab und rechts in die Vig. Fontana bis nach Montinelle.

Wir halten uns am Ende links, queren den Platz und spazieren geradeaus in die schmale Via Leutelmonte. Beim orange farbenen Haus biegen wir an der T-Kreuzung links zur Via Rocca ab. Am Abzweig mit dem weißen Wegweiser halten wir uns rechts Richtung Pisenze. Wir steigen in den Wald hinauf, dann wieder hinab. An der folgenden Gabelung geht's Richtung Osten weiter zum Biotop Bus La Paül.

Weiter geht's links hinauf zu einer Waldkreuzung. Die Route schickt uns geradewegs Richtung Pisenze auf dem Weg Nr. 801. Lang und steil zieht sich der Waldweg über ein paar Treppenstufen zum Strand Lido di Manerba. Wir spazieren am Kieselufer entlang, nehmen die hintere Treppe und wenden uns am Tor nach rechts hinauf. Über die Via Cavalle streifen wir ein paar Campingplätze. Zu guter Letzt bringt uns die Via Belvedere nach rechts zurück zum Hafen.

Rocca di Manerba

Historischer Ruinengipfel über spektakulärer Felsklippe

DAUER	2h
LÄNGE	5,9 km
HÖHENMETER	215 hm
SCHWIERIGKEIT	MITTEL
MIT ÖPNV ERREICHBAR	ja

Das erwartet dich ...

Die schöne Runde verläuft meist auf angenehmen, breiten Wegen. Der Abstieg von der Rocca ist extrem steil, und kann bei Nässe die reine Rutschpartie werden. Ebenso ist an der ungesicherten Felsabbruchkante am Sasso Umsicht geboten. Der Weg entlang der Felskante ist jedoch wunderschön. Bademöglichkeiten warten in Porto Dusano.

Start & Ziel & Anreise

Beginn ist am Parkplatz des Parco Archeologico Naturalistico von Manerba. Mit dem Auto fahren wir von Norden wie auch Süden an der Westküste des Gardasees entlang. Bei Moniga del Garda wechseln wir auf die SP 39; sie bringt uns nach Manerba. Von Rezzato fährt der öffentliche Bus Nr. LN009 nach Manerba.

Tourenbeschreibung

Wir beginnen die Wanderung am Parkplatz des Parco Archeologico Naturalistico. Von hier aus folgen wir der Via Rocca noch ein Stück weiter hinauf. Durch ein gemauertes Portal bringt sie uns bald über Treppen und Holzstege zu den Überresten der ehemaligen Langobarden-Festung hinauf. Hier befindet sich auch ein Ausgrabungsareal. Schon von weitem sehen wir das Gipfelkreuz der Rocca di Manerba. Von hier oben bietet sich ein fantastischer Weitblick über den Gardasee, den Monte Pizzocolo, den Monte Baldo und Valtènesi. Über einen Schützengraben lässt sich der Gipfel umrunden. Vom Gipfelkreuz steigen wir auf sehr steilen Stufen und losem Geröll bergab. Teilweise ist der Abstieg mit Seilen gesichert. Dennoch sollte man hier trittsicher und umsichtig sein.

Wir erreichen eine schattige Waldecke. Von hier aus lässt sich nach rechts gewandt in einem zehnminütigen Abstecher das Biotop Bus La Paül erreichen, dessen Besuch sehr zu empfehlen ist. Ein erdiger Pfad geleitet uns – teils mit Felsplatten durchsetzt – weiter aufwärts zur Punta Sasso. Hier ist ein herrlicher Aussichtspunkt direkt am Abgrund. Vorsicht bei Höhenangst! Dann wenden wir uns nach rechts und folgen dem breiten Weg an der Felskante entlang. Sie fällt gute 100 Meter steil zum See hinab. Unterhalb befinden sich ein paar versteckte Badestrände. Mit Kindern sollte man hier ein wenig Abstand halten.

Unser Weiterweg bringt uns am markierten Betonturm „Casello" vorbei. Wir wandern am Stacheldrahtzaun entlang und halten uns dabei links. An seinem Ende bietet sich nach links ein kleiner Durchschlupf. Auf der anderen Seite wenden wir uns sogleich nach rechts und wandern auf breitem Weg nahe der Felskante entlang durch den dichten Wald. Eine viertel Stunde später erreichen wir die Via Giosuè Carducci, der wir geradeaus hinab zum Yachthafen von Porto Dusano folgen. Hier gibt es mehrere schöne Gelegenheiten zur Einkehr, aber auch Möglichkeiten für eine kleine Erfrischung im See. Dann schlendern wir die Via Giosuè Garducci weiter entlang. Kurvenreich läuft sie hinauf auf das Rocca Plateau. Bei der T-Kreuzung halten wir uns rechts, dann folgen wir der Via Angello an der nächsten Abzweigung nach links.

Davor aber machen wir einen kleinen Abstecher zur Chiesa di San Giorgo. Von der Via Angello biegen wir nach links in die Via Sadat ein. Wir laufen eine herrliche Baumallee entlang, dann halten wir uns links. Bei der gemauerten Kurve halten wir uns rechts nach Montinelli hinein bis zur T-Kreuzung; hier biegen wir nochmals rechts ab und folgen dem Sträßlein an den Mauern entlang zum Beginn der Via Rocca. Sie führt uns hinauf und zum Parkplatz zurück.

Autoren Tipp

An unserem Ausgangspunkt befindet sich der Parco Archeologico Naturalistico. Das archäologisch-naturwissenschaftliche Museum führt uns auf einem Rundgang über zwei Ebenen. Dabei erfahren wir allerhand Wissenswertes über die ausgestellten frühgeschichtlichen Gegenstände und die Reste von Pfahlbauten. Eine Bar lädt zu Snacks und erfrischenden Getränken ein. Öffnungszeiten: April-September: Mo-So von 10-20 Uhr, Oktober-März: Do-So von 10-18 Uhr.

28

Kulturtour

Drugolo & Padenghe
Zwei Bilderbuchburgen im ländlichen Valtènesi

DAUER	3h
LÄNGE	12,5 km
HÖHENMETER	195 hm
SCHWIERIGKEIT	LEICHT
MIT ÖPNV ERREICHBAR	nein

Das erwartet dich ...

Heute erwartet uns eine gemütliche Wanderung über Asphalt und Schotterstraßen. Der „Sentiero 801" führt uns über einen Moränenhügel des Valtènesi und direkt in scheinbar mittelalterliche Gefilde. Die Runde weist nur geringe Steigungen auf. In Drugolo ist es meist staubtrocken.

Start & Ziel & Anreise

Los geht's heute in Maguzzano. Mit dem Auto fahren wir über die A 22 bis zur Ausfahrt Affi/Lago di Garda Sud. Wir nehmen die SR 11, deren Straßenverlauf uns um die Südspitze des Gardasees herumleitet. Bei Desenzano verlassen wir die Strada provinciale 11 und nehmen die SP 25 nach Maguzzano. Ein Parkplatz befindet sich am Kloster Abbazia di Maguzzano in der Via Maccarona.

Tourenbeschreibung

Wir wandern vom Kloster Abbazia di Maguzzano mit der Markierung Nr. 801A nach Norden. Dann wechseln wir die Straßenseite und wenden uns nach links in die Via Breda. Nach einem Sportplatz queren wir eine Straße und steigen über die Via Benaco an. An der Kreuzung bleiben wir geradeaus auf der Via Valsorda Richtung Drugolo. Wir streifen durch ein Waldstück und steigen in einem langen Rechtsbogen bergan. Wir wandern durch eine Baumallee und an Wiesen und Weiden vorbei, bis die Straße am Ortsrand von Sedena endet.

Wir folgen rechts dem Schotter, dann knickt der Weg nach rechts in den Wald, vorbei an Biobauernhöfen mit allerlei Getier. Schließlich stoßen wir direkt auf die Mauern des fast verlassenen Drugolo. Wir umgehen sie nach links, dann schwenken wir rechts herum, nach der Kirche zur imposanten Burg. Sie stammt aus dem

10. Jahrhundert und befindet sich heute in Privatbesitz. Samstags ist die Weinkellerei vor dem Burgtor geöffnet.

Nach den Mauern leitet uns der Schotterweg mit der Nr. 801B links in den Wald hinauf. Wir passieren ein Pferdegehöft und machen einen großen Linksbogen zum urigen Bed & Breakfast. Dann wandern wir hinter den Olivenhainen hinab zu einer stark befahrenen Straße. Wir halten uns kurz links, dann überqueren wir die Straße an der Bushaltestelle. Die Route führt uns rechts zur Kapelle Sant'Emiliano. Wir wandern rechts die Hauptstraße hinunter Richtung Padenghe. An der Kreuzung mit der Beschilderung „Castello" folgen wir einem schmalen Pfad halblinks hinauf. Er leitet uns zu den Außenmauern des mächtigen Castello di Padenghe. Wir genießen das überwältigende Panorama auf den Ort und den südlichen See. Die Burg ist bewohnt, die Anlage sehr gepflegt.

Wir folgen den Schildern nach Padenghe, queren eine Straße und steigen einige Stufen zur Via Roma hinab. Ihr folgen wir nach links in die Via Beretta bis zur Kreuzung. Rechts gehen wir bis zum Kreisel, dann halbrechts über den Spielplatz. Kurz nach einem Café schwenken wir rechts über eine Brücke in den Parco Vaso di Rì. Schließlich erreichen wir den Hauptkreisverkehr. Mit der Via dell'Arigianato passieren wir einige Lagerhallen. Dann spazieren wir auf einem breiten Schotterweg eine halbe Stunde am Waldrand entlang, bis wir zur bekannten Straßenquerung kommen und zum Kloster zurückkehren.

L a g o   d i   G a r d a

Jamaica
Beach
Grotte di
Catullo
P.ta di Sirmione
P.ta Grotte

S. Pietro in Mavino
Lido delle Bionde

Sirmione
68

P.ta Staffalo
Terme Catullo
Aquaria
Villa Cortine

Castello Scaligero

Villa Ansaldi

29

66

B

Sirmione

Grada Village

San Francesco

Oasi San Francesco

Colombare
di Sirmione
73

Biblioteca
Angelo
Anelli
Castello di
Rivoltella
S. Biagio
Villa Brunati

V.la Lucchi

78

V.la La Tassinara
ex Villa Arrighi

C.na
Galapina

C.na
Colombarola

S. Maria
di Lugana
60

Therme
Virgilio

Punta Gro
Museo della Pesca

Lugana Marina

Villaggio Punta Gro
65

Maraschina

Rivoltella
86

C.na Tese

Prato Maggiore
90

Innocenta
Le Moie
Pigna

Tassere
82

C.na Dusini

C.na Quaine

C.na Garbella

Sgreva

Casello Bondoni

C.na Bondoni

Palazzo Leoni

Provenza

C.na Mabellini
84

C.na Albarelle

America
62

Cà dei Frati

Cà dei Frati
67

Villa Onofria

C.na Rizzine

C.na Magro
Palazzo
69

C.na
Mussolina
73.

Palvarini Anna

Chiodi
73.

Tiglio

Cà Loiera

Fossa Loiere

C. Bassana

Rovizza
di Sirmione

Venga (Bertani)
88.

C.na Fantona
Desenzana

C.na Rosini

San Martino
della Battaglia

C.na Demesse

Corte Arcadia
Demesse Nuove

Agritur.
La Cascina

C.na Polone

C.na Seriati

C. Grilli

C.na Marandona

C.na Caporale

Agrigelateria sull'Aia

500 m

11

Geschichtstour 29

Sirmione
Ein Besuch bei den Skaligern

DAUER	2h
LÄNGE	8 km
HÖHENMETER	45 hm
SCHWIERIGKEIT	LEICHT
MIT ÖPNV ERREICHBAR	ja

Das erwartet dich ...

Die Wanderung ähnelt eigentlich eher einem Spaziergang, der uns aber beeindruckende Zeugnisse aus der Römerzeit beschert. Wir wandern auf breiten, geteerten Uferpromenaden und Straßen und überwiegend eben nahe des Wassers. Das Castello Scagliero, die größte Burg am Gardasee, ist der Höhepunkt der Tour. Der Strand Spiagga Brema bietet eine tolle Bademöglichkeit.

Start & Ziel & Anreise

Ausgangspunkt ist der Yachthafen von Sirmione. Parkmöglichkeiten gibt es in der Via Salvo D'Aquisto. Mit dem Auto erreichen wir Sirmione über die A4/E70. Dann nehmen wir die Ausfahrt Richtung Sirmione und folgen der Beschilderung. Öffentliche Busse fahren ab Deszenzano nach Sirmione.

Tourenbeschreibung

Der Yachthafen am Beginn der schmalen Landzunge in Sirmione ist der Ausgangspunkt unserer Wanderung. Wir richten uns nach Norden und passieren ein Tor in den sehr ruhigen öffentlichen Parco San Vito. Hier laufen wir geradewegs vorbei an sehr gepflegten Grundstücken bis zur Via Benaco. Wir wenden uns nach rechts und laufen direkt bis vor zur Uferpromenade. Ein Fußgängerweg begleitet uns nun parallel der Via 25 Aprile gut 1,5 Kilometer gen Norden.

Schließlich erreichen wir das mittelalterliche Wahrzeichen von Sirmione: das berühmte Castello Scaligero: Die bestens erhaltene Skaligerburg stammt aus dem 13. Jahrhundert und ist ein beliebtes Ausflugsziel am Gardasee. Ein schmaler Wassergraben trennt die verkehrsberuhigte Altstadt vom Festland. Rundherum häufen sich Eisdielen und Souvenirläden. Wir folgen der Via V. Emanuelle zur Terme Catullo. Dann steigen wir die Via Catullo halbrechts hinauf bis zu einem schönen Park. Nach links folgen wir der Via C. Arici, gleich darauf biegen wir erneut links ab. An dem romanischen Kirchlein San Pietro in Mavino machen wir einen kurzen Abstecher: Sie zählt zu den hübschesten Kirchen am Gardasee. Direkt neben ihr bestaunen wir die „Glocke der Gefallenen" und eine Kanone als Relikt des Ersten Weltkrieges. Wieder an der Straße halten wir uns links und wandern durch Olivenhaine zu den Grotte di Catullo.

Wir laufen über die Via Catullo wieder zurück. Nur einhundert Meter hinter dem Hotel Ideal führt linker Hand ein Fußweg über Treppen zum Lido delle Bionde hinunter. Auf der linken Seite führt ein langer Steg in den See. Bei Niedrigwasser ist es möglich, die romantischen Badestellen unterhalb der Grotten zu erkunden. Wir wandern nun rechts weiter am gemauerten Seeuferweg entlang, zurück zur mächtigen Burg. Treppen bringen uns an der Kirche Santa Maria Maggiore vorbei und zurück zum Ausgang. Wir überqueren die Zugbrücke und laufen nach rechts, an den Bootsanlegern vorbei. Am Ende der Promenade gelangen wir wieder auf die Via 25 Aprile und begleiten sie einen knappen Kilometer Richtung Süden, auf Holzbuhnen an Schilf und Steg vorbei.

An der idyllischen Marina Porto Galeazzi haben wir die Möglichkeit, noch einmal in eine Trattoria einzukehren oder einfach die marine Hafenstimmung auf uns wirken zu lassen. Dann setzten wir unseren Weg südwärts fort: Wir folgen der Via Marolda nach rechts und der Via Colombare nach links. Gleich danach bringt uns die Via Bagnera rechts gewandt zum Parkplatz zurück. Einen kleinen Abstecher bietet der Ausflug zum Spiagga Brema: Dafür folgen wir am unteren Ende des Yachthafens der Via Como nach rechts, um dann rechter Hand einem schönen Fußweg zur Via Monzoni bis zur Promenade am Westufer zu folgen. Linker Hand befindet sich der Spiagga mit Café und Bademöglichkeiten.

Autoren Tipp

Am Zipfel der Insel gibt es einige Ruinen einer römischen Villa aus dem 1. Jahrhundert. Sie bilden den größten archäologischen Fund in Oberitalien. Die antiken Gemäuer und Säulen laden mit einem sensationellen Seeblick zu einem Besuch ein. Nebenan befindet sich ein Museum, das Einblicke in die Gewinnung des heißen Thermalwassers für den Betrieb der Therme in Sirmione gibt. Die „Grotte di Catullo" ist ganzjährig geöffnet, Montags Ruhetag. Infos unter: www.grottedicatullo.beniculturali.it

Via Magragna

Ristorante Sigu

P

Via Camillo Benso Conte di Cavour

Poggio dei Due Imperatori

Via Montambano

La Fattoria Didattica

Parco Giardino Sigurtà

Seriola

Vicolo Tre Molini

Vicolo Tre Molini

Vò delle Massare

Agricamping Borghetto

Via Valsegrida

Fiume Mincio

Canale Virgilio

Fiume Mincio

Fiume Mincio

Pietra della Giovinezza

Labirinto

Grotta Votiva

Par Ichenh

Via Robert Baden-P

Via Antonio Murari

Via Giuseppe Verdi

Giardino delle Erbe Officinali

Anfiteatro Scaligero

Via Ponte Visconteo

Seriola

Via degli Scaligeri

Via Belvedere Mincio

VALEGGIO SUL MINCIO

Tre Corone

Camper Parking Visconteo

Via Giotto

Via Giotto

Vista su Borghetto

Via Ponte Visconteo

Corte Regia

Il Borghetto

Chiesa di San Marco Evangelista

Camper Parcheggio Virgilio

Canale Virgilio

Borghetto

Via Castello

Al Re del Tortellin

Lepre

Ristorante Castello

chiesa parrocchial San Pietro apostol

Castello Scaligero

La Bastia

Via Goito

La Torre

Eder

Via Andrea Mantegna

Fiume Mincio

Via Bastia

Via Ginolа

Via Circonvallazione Sud

0   100 m

Seriola

Via dei Carristi

Via del Granati

Pontieri

Via Ragazzi

30

30

Kulturtour

Unterwegs in Borghetto
Attraktionen rund um Valeggio sul Mincio

DAUER	2h 25min
LÄNGE	8,5 km
HÖHENMETER	145 hm
SCHWIERIGKEIT	LEICHT
MIT ÖPNV ERREICHBAR	ja

Das erwartet dich ...

Die leichte Runde führt uns innerorts über asphaltierte Straßen. Am Fluss gehen wir teilweise auf Schotterwegen oder auch kurzen Feldwegen. Der Landschaftsgarten ist mit gut befestigten Wegen ausgestattet. Besonders hier kann man gut ein Weilchen verbringen, um die botanische Vielfalt genauer unter die Lupe zu nehmen.

Kulturtour

Start & Ziel & Anreise

Die kleine Wanderung beginnt in Valeggio sul Mincio. Mit dem Auto reisen wir über die A 22 an. Wir verlassen die Autobahn bei der Ausfahrt Affi/Lago di Garda Sud und folgen der SR 450 Richtung Milano/Peschiera bis Castelnuovo. Am Kreisverkehr im Ort nehmen wir die erste Ausfahrt über die Via Stazione nach Valeggio sul Mincio. Parkplätze gibt es an der Piazza San Rocco. Von Peschiera fährt der Bus Nr. 46 Richtung Mantova Ipsia über Valeggio sul Mincio.

Tourenbeschreibung

Heute besuchen wir gleich zwei faszinierende Orte, die einen längeren Besuch wert sind. Schon im riesigen Botanischen Garten kann man über Stunden spazieren gehen. Aber auch das Skaligerschloss und Borghetto sind interessante Orte, die zu einem längeren Besuch einladen.

Wir gehen von der Piazza San Rocco links Richtung Zentrum. Nach dem Zebrastreifen halten wir uns halblinks, 300 m über Kopfsteinpflaster bergan zur Ruine des Castello Scaligero. Rechts am Einfang nehmen wir die Stufen durch den Wald hinab zur Via Mantegna. An den Parkplätzen vorbei spazieren wir mitten ins malerische Borghetto. Wir schlendern durch den Torbogen und über die Fußgängerbrücke, dann halten wir uns links an einigen Restaurants vorbei. Über den Uferweg gehen wir um die Inselspitze bis zu einer Kreuzung. Mit einem Links-Rechts-Schwenk unterqueren wir am Kanal die berühmte Ponte Visconteo.

Danach biegen wir rechts ab und folgen nach der Brücke dem Radweg nach links am Feld entlang. Nach zehn Minuten entlang des Seitenarms queren wir die Brücke über den Mincio. Am Brückenschluss geht's erneut rechts herum ins Feld hinab und über einen schmalen, undeutlichen Graspfad zu einem Gebäude. An der Dreiergabelung wählen wir den mittleren Weg. Nach einem Parkplatz geht's links zur Straße und sofort rechts in den schattigen Parco Communale. Oben an der Via San Rocco schlendern wir zurück zur Piazza San Rocco.

Der zweite Teil der Runde führt uns zum Parco Giardino Sigurtà. Dafür folgen wir der Via G. Verdi nach Norden in die Via C. Maffei. Wir wenden uns rechts gegen die Fahrtrichtung und schwenken an der Kreuzung links zum Parkeingang. Der Parco Giardino Sigurtà wird von einem 7 km langen Wegenetz durchzogen. Seine 600.000 m² zählen zu den schönsten Parkanlagen weltweit. Schmuckstück sind unzählige exotische Pflanzen. Wir spazieren ein Stück geradeaus. Am ersten Abzweig wenden wir uns nach links zu den „Giardini Acquatici", dem Weg gute 400 Meter nordwärts folgend. Die Kreuzung queren wir geradeaus und folgen dem Weg unter Bäumen zum Eremo San Zeno. Wir spazieren links weiter, an Zypressen entlang und über die Wiese hinauf zur Sonnenuhr und dem Carlo-Sigurtà-Denkmal. Hier genießen wir die herrliche Aussicht über den Park und die Mincio-Ebene. An der Mauer richten wir uns wieder gen Süden. Alternativ können wir auch zwischen den Teichen hindurch über die Wiese laufen. An der Kreuzung halten wir uns rechts in die Rosengasse. Nach einer weiteren Kreuzung treffen wir auf die kunstvollen Giardini Acquatici. Diese Seerosenteiche sind bezaubernd und laden zum Verweilen ein. Links daneben befindet sich ein großes Labyrinth. Richtung Norden machen wir uns auf den Rückweg. Nach wenigen Minuten steigen wir rechts ein paar Treppen hinab zum Parkeingang. Die letzten Meter schlendern wir auf bekanntem Weg zurück zum Piazza San Rocco.

Autoren Tipp

Das mittelalterliche Mühlen- und Festungsdorf Borghetto zählt zu den schönsten Dörfern Italiens. Einige seiner Wassermühlen wurden zu Ferienhäusern mit fantastischer Kulisse ausgebaut. Im Juni findet das traditionelle Tortellini-Fest mit 4000 Besuchern auf der Ponte Visconteo statt. Sie wurde als Bollwerk und Staudamm erbaut. Heute verfallen, ist sie noch immer ein Besuchermagnet.

M. Orione
308
314 La Val
M. Bran
Alti
Pignoi
Al Molini
Residence
la Filanda
Muretti
Bassi
Gardacqua
Costermano
237
Montese
Il Bran
La Busetta
Ceredello
di Sotto
C. Longa
Casetta
Cimi
S. Cristina
307
M. i Boschetti
C. Zuane
Brenzone
Cristane
La Cicala
Cimitero
Militare
Tedesco
Residence
Poiano
M. Murlongo
227
Murlongo
di-Mezzo
Valdonegh-
Corte Fienile
Corte
Groletta
Montalto
Vicentino
Azienda agricol
Testi
Bezzo
Ca' Fontana
Martine
Azienda agricola
Rocca
Pigno
Porton
S. Bernardo
Risare
Baessa
Boffenigo
Framonti
Corte
Liliana
di Sopra
di Sotto
Peane
Serene
Coletto
Pozzo
Corte
Campana
Ca' Nova
C.te Pozzol
Corte
Campana
Boschi della Rocca
Loc. Bondi
Bono
215
Albare
Stazione
207
Varesche
M. Pollice
258
Le Pollice
Colo
Corte
Fiffano
Ca' Campagna
Eremo di
San Giorgio
305
Vallonga
Ca' Bottura
M. Rovertondo
279
Cortelline
Valleselle
Albare
268
Perica
Sottomoscal
Le Broiare
Il Pigno
Perara
Scanelli
S. Colombano
Azienda agricola
Girardelli
Corone
Ca' dell'Ora
Galeazzo
Campian
Gazzetto
Pozzi
Cantarelle
M. Crivéllino
253
A22
Arca
Mure
Ca' Muretta
Vignol
Feudo
M. Moscal
427
Cocche
La Bassa
E45
Mezzariva
Pozzo
Plai
Sopra
Paerno
C. Vettor
Cava
Cava
353
San
Andrea
la
Poggi
V. la
Elena
Ca' Nova
Corte
Incaffi
Azienda agricola
Poggi
Le Canove
Molle
Continental
Bertoi
Gazo
Agritursmo
Casetta
Paerno
Casetta
Agritur.
Incaffi
Affi
191
i
Ca' Nova di Sotto
San Nicolò
Cantine
Bolla
Montavoletta
31
Castello
Cantina
Sociale
Colombara
Agritur.
Val del Tasso
Circolo Nautico
Bardolino
S. Severo
Casale
Valsorda
Val Sorda
di-Sopra
M. S. Michele
341
450
Camporeggio
Il Frantoio
Viola
S. Cristina
Molini
Pramanzo
Ceola
Cerlei-
di-Sotto
Palazzo
Ruggieri
Riovalli Parco
Acquatico
Fosse
P.ta Mirabello
B
Nautica
Buniotti Europa
Casette
Campazzi
Modena
Oleificio
Cisano
Azienda agricola
Zeni
Il Camino
Cavaion
Veronese
190
Sereane
Bardolino
66
Rist. Piccolo Doge
Museo del Vino
Cantina Zeni
Costabella
Corrubio
Agritur.
Raval
Quarole
Vila
Fontana
Mascanzoni
Ca' dell'Ara
Mastego
Pigno
Pellizzara
Club
Nautico
Creole
Casetta
Distilleria
Franceschini
V. la
di-Sopra
B&B
Dino
S. Faustino
Agritur.
Ca' Persiane
Naiano
Agriu
Val del Tass
Cisano
Cisano
V. gio
Turistico
Creole
Ca' Vigneto
Sorsei
Valpolicella
Gerardo
Cesari
Azienda agricola
Gerardo Cesari
M. Pincio
202
Garda Tourist
Sporting Club
S. Vito
Museo
Ornitologico
La Ca'
Villa
Guarienti
Azienda agricola
Marchesini
Bossena
Palazzina
Preella
Azienda agricola
Enzo Righetti
Pozzo
Osteria
Preella
Cerdevigo
Cisano San Vito
Museo dell'
Olio d'Oliva
Pozza
Amara
Ca'
Borden
Azienda agricola
Monte Oliveto
Preela
Poggi
Castagnar
La Casetta
Roveri
Prada
Agritur.
Belvedere
Calmasino
Gambamola
Castagnaretto
la Pra
Alpi
Azienda agricola
Casaretti
Spadi
Cristo
Levai
Perzunelle
Faino
Base Nautica
la Scaligera
249
Campassi
Barum
S. Fermo e
Rustico
Mazzano
Spinaroli
Ca' Furia
Tratt.
ai Tacconi
Monticelli
Comunale
Vallesana
Centro Sportivo
Veronello
450
Azienda agricola
Bigagnoli
Tacconi
Campan
Lazise
66
Nautica
La Caravella
B
Osteria Vallesana
Agritur.
Fasolotti
Croce
Papale
Colombara
Corbelar
Palu
Tre Colline
Costiere-
A22
Ronchi
Piovezzan
163
Castello
i
Rocchetti
Basse
E45
0   500 m

31

Naturtour

Monte Moscal
Kleine Bergrunde ums erfrischende Valsorda

DAUER	2h
LÄNGE	6,5 km
HÖHENMETER	315 hm
SCHWIERIGKEIT	LEICHT
MIT ÖPNV ERREICHBAR	ja

Das erwartet dich ...

Die kurze Wanderung ist vielerorts unmarkiert, der Weg kann aber dennoch kaum verfehlt werden. Wir spazieren über gute Schotter- und Waldwege, auch asphaltierte Strecken sind dabei. Am Gipfel erwartet uns nach einem steinigen Pfad eine schöne Panoramasicht. Es gibt eine kurze anspruchsvolle Stelle. Im naturbelassenen Tal genießen wir die Ruhe, fernab vom Trubel Bardolinos.

Start & Ziel & Anreise

Los geht's heute am Eingang Valsorda. Von der A22 nehmen wir die Ausfahrt Affi/Lago di Garda Sud und fahren über die Strada Provincila nach Bardolino. Hier über die Strada delle Valsorda bis zum Taleingang. In der Strada Valconara gibt es eine Parknische. Öffentlich reisen wir mit dem Bus Nr. 164 Garda-Verona an. Haltestelle ist Bardolino.

Tourenbeschreibung

Von Bardolino geht's über die Strada della Valsorda aufwärts. Rasch halten wir uns am Schotter halblinks, passieren ein rosafarbenes Haus mit Schranke und spazieren in den Wald hinein. Am Bach steigt ein schöner Waldweg sanft bergan und wechselt schnell auf die linke Uferseite. Begleitet von Waldbeerbüschen und kleinen Kaskaden queren wir ein paar mal brückenlos den Bach. Weicher Boden und saftig grünes Moos verstärken das frische Erlebnis in diesem engen Tal. Einen Abzweig nach rechts ignorieren wir und umwandern stattdessen direkt einen mächtigen Felsenturm auf der linken Seite. Nach der Bachquerung mit Holzbrett halten wir uns links über den Bach und gehen hinauf zur Straße. Hier biegen wir rechts ein und schlendern durch Weinplantagen. Vorbei am Agritourismo Incaffi erreichen wir die Kreuzung von Incaffi.

Wir wenden uns nach links und achten auf die Hausnummer 64, bei der es gleich rechts die schmale Straße bergauf geht. Wir passieren eine Schranke und treten in den schattigen Laubwald ein. Zu unserer Linken erhebt sich die mächtige Felswand des ruhenden Steinbruchs sowie die Antenne vom Monte Moscal. Wir hangeln uns am grünen Metallzaun entlang bis zur Weggabelung. Mit der rot-weißen Markierung leitet sie uns rechts bergauf. Oben schwenken wir nach links und erklimmen in einem steilen Schlussanstieg den Gipfel des Monte Moscal, auf dem uns ein tolles Panorama nach Norden erwartet.

Der Rückweg führt uns über einen steinigen Pfad durch den Wald. Geradeaus spazieren wir über eine Wiese und über einen Schotterweg geht's wieder talwärts. Zu unserer Rechten befindet sich die Sendeanlage. Ohne Markierung wandern wir nach der Schranke über den Asphalt links hinab. Dabei erhaschen wir schöne Blicke auf den Monte San Michele. Nach einigen S-Kurven dreht die Via Moscal nach Norden. Dann geht es im Rechtsbogen an einer Rastbank vorbei und wieder zur bekannten Kreuzung nach Incaffi. Der weitere Rückweg erfolgt auf dem Anstiegsweg.

Garda
67

Boschi della Rocca

S. Bernardo

Boffenigo

Framonti

Corte
Liliana

Rocca
Vecchia
291

Eremo di
San Giorgio
305

Vallonga

Loc. Bondi

Bono
215

Albare
Stazione
207

San Pietro
La Rocca

Scanelli

Ca' Bottura

S. Colombano

Cortelline

M. Rovertondo
279

Varesche

Base Nautica
Roccavela

Azienda agricola
Girardelli

Ca' Muretta

Corone

Ca' dell'Ora

Valleselle

Galeazzo

Albare
268

Serenella

Arca
Mure

Ca' Nova

Plai

Pozzo

Vignol

Feudo

Campian

Pertica

M. Moscal
427

Mezzariva

Gazo

Corte

Sopra
Paerno

San
Andrea
353

Cava
Incaffi

Continental
Ca' Nova di Sotto

Bertol

Bottrigo

Montavoletta

Paerno

C. Vettor

Agriturismo
Casetta

Agritur.
Incaffi

Castello

San Nicolò

Cantine
Bolla

S. Severo

Casale

Valsorda

Casetta

di Sopra

M. S. Michele
341

P.ta Cornicello

Circolo Nautico
Bardolino

Il Frantoio
Viola

Molini

Pramanzo

Cèriei
di Sotto

Palazzo
Ruggieri

Cannottieri
Bardolino
P.ta Mirabello

S. Cristina

Casette

Ceola

Il Camino

Cavaion
Veronese
190

Nautica
Buniotti

Europa

Bardolino
66

Museo del Vino
Cantina Zeni

Campazzi
Oleificio
Cisano

Modena

Azienda agricola
Zeni
Agritur.
Raval

V.la
Fontana

Azienda agricola
Taborro

Rist. Piccolo Doge

Costabella

Corrubio

Quarole

Mascanzoni

Club
Nautico

Cisano

Creole

Casetta

(V.gio
Turistico
Creole)

Distilleria
Franceschini

V.la
di Sopra

Azienda agricola
Taborro

Cisano

Garda Tourist
Sporting Club

S. Vito

Museo
Ornitologico

La Ca

Ca'
Vigneto

Sorsei
Valpolicella
Gerardo
Cesari

Villa
Guarienti

Azienda agricola
Marchesini

Cisano San Vito
Museo dell'
Olio d'Oliva

Pozza
Amara

Ca'
Borden

Bossena

Calmasino

Azienda agricola
Casaretti

Prada

Agritur.
Belvedere

Gambarnola

Spadi

Levar

Base Nautica
la Scaligera

Azienda agricola
Monte Oliveto

S. Fermo e
Rustico

Cristo

Campassi
Barum

Centro Sportivo
Veronello

Mazzano

Comunale

Nautica
la Caravella

Osteria Vallesana

Vallesana

Agritur.
Fasoletti

Croce
Papale

Colombara

Corbelar

Lazise
66

Castello
Scaligero

Rocchetti

Pissarole

Nautica Modena

di Sopra

Crocetta

Du Parc

Pagliari

Ca' Roina

Mondragon-
di Sotto

Cava
Praia

Spiaggia d'Oro

Praleo
110

M. Fasol

San Faustino
135

La Quercia

Gabbiola

M. dei
Badalucchi

Parc d. Rose

Casa Mia

Zugliani

Parolotta

Cioso

Via Bagatta

Lago di Garda

0   500 m

32

Ufertour

Bardolino und Lazise

Lange und abwechslungsreiche Uferwanderung

DAUER	2h 30min
LÄNGE	12,5 km
HÖHENMETER	15 hm
SCHWIERIGKEIT	LEICHT
MIT ÖPNV ERREICHBAR	ja

Das erwartet dich ...

Auf diesem langen, aber aussichts- und abwechslungsreichen Spaziergang sind wir durchgehend am ostseitigen Ufer des Gardasees unterwegs. Die Strecke führt dabei über gepflasterte Wege und streckenweise auch über Schotter. Der Uferbereich, den wir hier begehen, gehört zu einem der schönsten am Gardasee. Dabei haben wir mehr als einmal die Möglichkeit, interessante Museen zu besuchen oder in den schönen Orten auf dem Weg einen Stadtbummel zu machen.

Start & Ziel & Anreise

Wir beginnen den Promenadenspaziergang am Campingplatz San Nicolo in Bardolino. Mit dem Auto erreichen wir den Ort aus nördlicher wie auch südlicher Richtung über die Uferstraße SR 49. Bei hohem Verkehrsaufkommen empfiehlt sich der längere, doch zeitlich dann doch kürzere Weg über die A 22. Nach der Ausfahrt Affi den Schildern Richtung Bardolino folgen. Von Garda fahren verschiedene Busse Richtung Verona bzw. umgekehrt nach Bardolino, z.B. Nr. 163 oder 185.

Tourenbeschreibung

Hinter dem Campingplatz San Nicolo in Bardolino laufen wir nach Süden Richtung „Area Pedonale". Auf der gepflasterten Uferpromenade und entlang von Riesenmagnolien gelangen wir an die Landspitze Punta Cornicello. Über eine Fußgängerbrücke geht es direkt zum schönen Bootsanleger Bardolino, der mit Länderflaggen gepflastert und von vielen Cafés und Bars gesäumt ist. Das Rathaus und das Kriegerdenkmal an der Piazza Principe Amadeo laden zu einem Stadtbummel ein.

Schließlich erreichen wir Punta Mirabelle, eine sehr sauber angelegte Landnase mit Bar neben der Straße. Allmählich, den Trubel hinter uns lassend, schlendern wir am Campingplatz Europa vorbei. An den folgenden Uferbereichen erhalten wir mehrere Male Gelegenheit, uns im kühlen Nass zu erfrischen. Beim Ristorante Piccolo Doge erblicken wir einen äußerst authentischen Nachbau einer venezianischen Gondel. Dann laufen wir nahe der Straße weiter bis zu einem Yachtclub. Kurz danach erreichen wir den Bootsanleger Cisano, und nochmals ein paar Minuten später erreichen wir den schönsten Abschnitt, der uns sehr naturbelassen und mit viel Schilf, erwartet. Am abgezäunten Camping Casino und an prächtigen Villen vorbei verschmälert sich der Weg allmählich. Dann laufen wir durch einen großen Yachthafen und über eine kleine Brücke.

Der Promenadenabschnitt vor Lazise gleicht einem Blumenmarkt, geschmückt mit Pinien und Palmen. Wir passieren den Sportboothafen und gelangen an den terrassenförmig angelegten Lungolago Marconi von Lazise. Restaurants und Eisdielen wetteifern hier um die Gäste. Trotz des übermäßigen Tourismus, fast zu viel für den kleinen Ortskern, hat er noch immer Stil und sich seinen mittelalterlichen Charme bewahrt. Er wird von einer gut erhaltenen Stadtmauer umgeben. Von oben blickt die stolze Skaligerburg vom Südportal zu uns herab. Schließlich wandern wir auf unserem Anfangsweg wieder zurück.

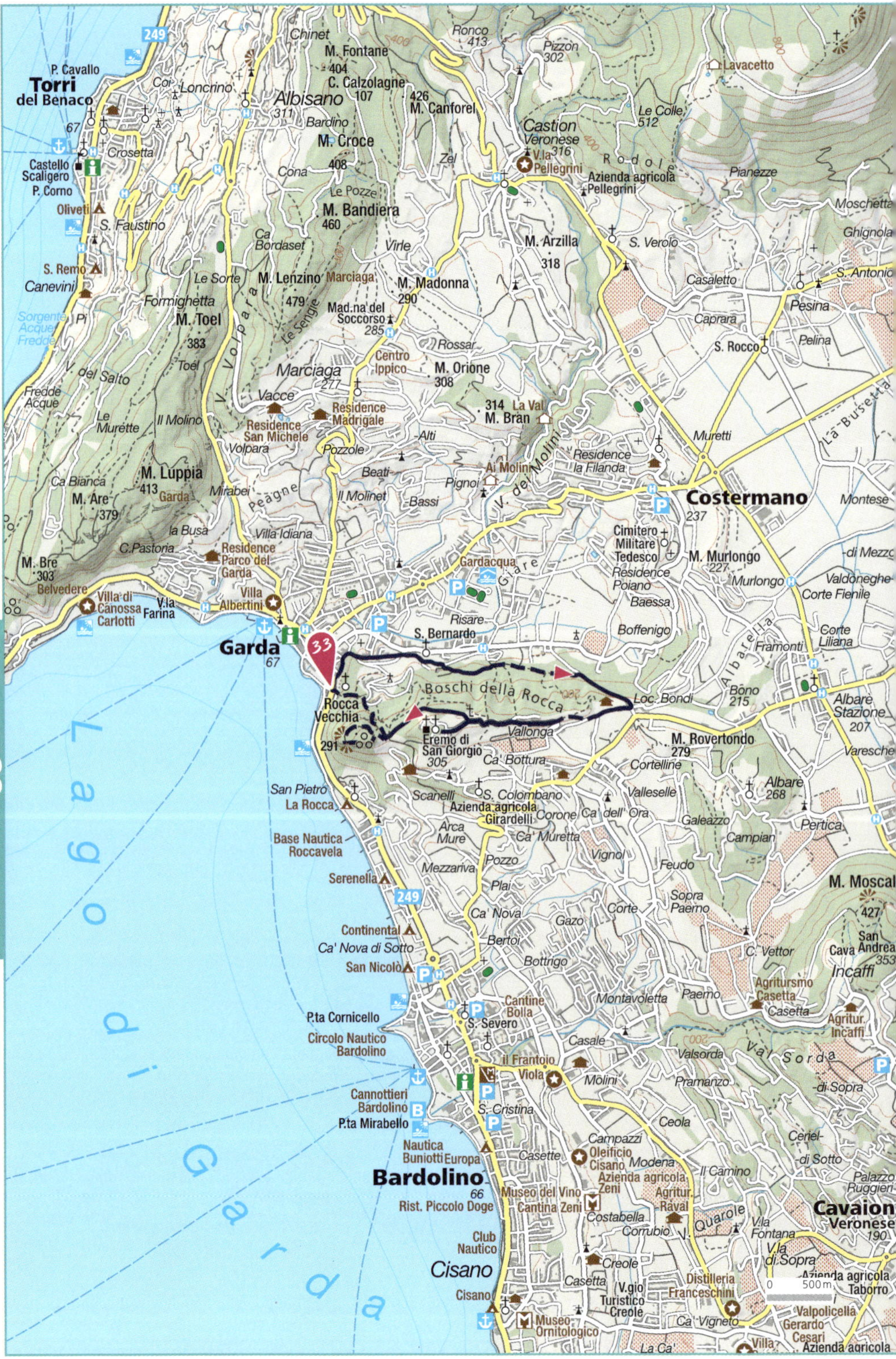

Torri
del Benaco
P. Cavallo
Castello Scaligero
P. Corno
Crosetta
Oliveti
S. Faustino
S. Remo
Canevini
Sorgente Acque Fredde
Fredde Acque
Coi
Loncrino
Albisano
311
Chinet
M. Fontane
404
C. Calzolagne
107
426
M. Canforel
Bardino
M. Croce
408
Cona
Le Pozze
M. Bandiera
460
Ca Bordaset
Virle
M. Lenzino
479
Marciaga
M. Madonna
290
Mad.na del Soccorso
285
Le Sorte
Formighetta
M. Toel
383
Toel
V. del Salto
Le Murette
Il Molino
V. Volpara
Le Sengie
Marciaga
277
Vacce
Residence Madrigale
Residence San Michele
Volpara
Pozzole
Centro Ippico
M. Orione
308
Rossar
314
M. Bran
La Val
Alti
Beati
Pignoi
Ai Molini
V. dei Molini
Il Molinet
Bassi
Peagne
M. Luppia
413
Garda
Ca Bianca
M. Are
379
Mirabei
Villa Idiana
la Busa
C.Pastoria
Residence Parco del Garda
M. Bre
303
Belvedere
Villa di Canossa
Carlotti
V.la Farina
Villa Albertini
Garda
67
Gardacqua
Giare
Risare
S. Bernardo
Boschi della Rocca
Rocca Vecchia
291
Eremo di San Giorgio
305
Vallonga
Loc. Bondi
Ca' Bottura
San Pietro
La Rocca
Scanelli
S. Colombano
Azienda agricola Girardelli
Corrone
Ca' dell' Ora
Arca
Mure
Ca' Muretta
Base Nautica Roccavela
Serenella
249
Mezzariva
Pozzo
Plai
Vignol
Ca' Nova
Gazo
Corte
Continental
Ca' Nova di Sotto
San Nicolò
Bertoi
Bottrigo
P.ta Cornicello
Circolo Nautico Bardolino
S. Severo
Cantine Bolla
Montavoletta
Casale
Il Frantoio
Viola
Molini
Cannottieri Bardolino
P.ta Mirabello
S. Cristina
Nautica Buniotti Europa
Casette
Bardolino
66
Rist. Piccolo Doge
Campazzi
Oleificio Cisano
Modena
Azienda agricola Zeni
Museo del Vino
Cantina Zeni
Costabella
Corrubio
Club Nautico
Cisano
Creole
Casetta
V.gio Turistico Creole
Museo Ornitologico
Distilleria Franceschini
Ca' Vigneto
La Ca'
Lago di Garda
Ronco
413
Pizzon
302
Lavacetto
Castion Veronese
316
V.la Pellegrini
Azienda agricola Pellegrini
Le Colle
512
Rodol
Pianezze
Moschetta
Ghignola
M. Arzilla
318
S. Verolo
S. Antonio
Casaletto
Pesina
Caprara
Pelina
S. Rocco
La Busetta
Muretti
Residence la Filanda
Costermano
237
Montese
Cimitero Militare Tedesco
M. Murlongo
227
Residence Poiano
Murlongo
Baessa
Boffenigo
Valdoneghe
Corte Fienile
Corte Liliana
Albarella
Framonti
Bono
215
Albare Stazione
207
Varesche
M. Rovertondo
279
Cortelline
Valleselle
Albare
268
Galeazzo
Pertica
Campian
Feudo
Sopra Paerno
M. Moscal
427
San Andrea
353
Cava
Incaffi
C. Vettor
Agriturismo Casetta
Casetta
Paerno
Agritur. Incaffi
Valsorda
Val Sorda
Pramanzo
di Sopra
Ceola
Ceriel- di Sotto
Il Camino
Agritur. Raval
Quarole
Palazzo Ruggieri
Cavaion Veronese
190
V.la Fontana
V.la di Sopra
Azienda agricola Taborro
Valpolicella Gerardo Cesari
Azienda agricola
Villa
0 500 m

Panoramatour 33

Roccha Vecchia

Klosterbesuch und Panoramaschau über Garda

DAUER	2h 20min
LÄNGE	6,5 km
HÖHENMETER	285 hm
SCHWIERIGKEIT	LEICHT
MIT ÖPNV ERREICHBAR	ja

Das erwartet dich ...

Heute führen uns bequeme Asphalt- und Schotterwege durch den Wald. Es gibt ein paar kurze, steile Anstiege. Der Abstieg verläuft steinig und über Treppen. An einigen Stellen ist Orientierungssinn notwendig. Garda selbst ist ein hübscher und beliebter Ort mit einer malerischen Promenade und herrlichen Palästen. Er liegt eingekesselt zwischen Monte Luppia und Rocca Vecchia. Letzterer ist der Hausberg von Garda.

Start & Ziel & Anreise

Ausgangspunkt der kurzen Panoramarunde ist die Pfarrkirche Santa Maria Maggiore in Garda. Mit dem Auto erreichen den hübschen Ort über die A 22. An der Ausfahrt Affi/Lago di Garda Sud wechseln wir auf die Strada Provinciale 9. Die SP 8 leitet uns über Costermano sul Garda weiter bis Garda. Parkmöglichkeiten gibt es im Ort. Öffentlich erreichen wir Garda mit dem Bus Nr. 162 von Verona.

Tourenbeschreibung

Zunächst führt uns die Route zur gelbgetünchten Kirche Santa Maria Maggiore mit großem Kirchturm. Wir folgen der Einbahnstraße Via San Bernardo und richten uns dann nach dem Schild „Eremo (B)". Hinter dem Parkplatz bleiben wir geradeaus auf der Via San Bernardo. 400 Meter später biegen wir rechts in die Via Boschi ab und wandern weiter aufwärts („B" auf orange). Zwischendurch genießen wir eine herrliche Aussicht auf den See. Vor den letzten Häusern schwenken wir halblinks vorbei und dann kurz im Wald hinunter bis zu einer Straßenkreuzung.

Wir bleiben auf dem Hauptweg und ignorieren alle Abzweige. Dann geht es mit 15% Steigung sehr steil zur Località Bondi hinauf. Hier achten wir wieder besonders auf die Orientierung: 10 m nach der Schranke führt rechts hinter den Mülltonnen neben dem Gasthaus ein schmaler Pfad nach Westen. Er ist nicht markiert. Wir spazieren durch eine Olivenallee und weiter am Weinfeld entlang. Geradeaus gehalten wird der Pfad breiter und trifft auf eine große Schotterstraße, der wir nach rechts mit dem B folgen. Wir gelangen an eine große Kreuzung mit hohen Zypressen und Schildern. Geradeaus entlang der Zypressenallee lohnt sich eine Besichtigung der Eremo di Camaldolesi San Girogio aus dem 17. Jhdt. Gleich zu Beginn bieten Mönche im Klosterladen Produkte aus eigener Herstellung: Käse, Schokolade oder auch Honig.

Hinter dem Ladenausgang locken Kirche und Gartenanlagen zu einer schönen Besichtigungsrunde. Zurück am Wegkreuz wandern wir nach links auf dem grünen „M" weiter. Steil und steinig zieht der Weg hinab zu einer großen Waldkreuzung. Wir folgen den Zeichen „A/B" geradeaus weiter auf steinigem Weg hinauf auf den Tafelberg. Nach einem Wäldchen genießen wir auf der Rocca Vecchia herrliche Ausblicke auf Garda und Bardolino. Nach Umrundung des Plateaus kehren wir zur Waldkreuzung zurück.

Links führen uns Stufen steil hinab zur Straße. Hinter den Wassertanks zweigt am Geländer ein Pfad in den Wald hinein ab. Er leitet uns hinab, in der Rechtskurve gehen wir geradeaus steil die Stufen hinunter zur Straße, der wir nach rechts nach Garda zurück folgen. Falls der letzte Pfad nicht zu eruieren ist, können wir auch – vielleicht sogar bequemer – die Straße hinunterlaufen.

258

Lago di Garda

Lago di Garda

S. Felice • S. Carlo

Le Vigne
Camille
Piani
S. Zen

Frader

Fomare

V.la Bianca
Veri
Dordoni
Mamma Lucia
Spighetta

P. Pontirola
Mont de l'Ai
Le Fittanze
Ca' Busa
Chinet
C. Spighetta
Cologne
Roncola

249

P. Cavallo
Col.
Loncrino
M. Fontane
404
C. Calzolagne
Ronco
413
Pizzor
302

Torri
del Benaco
67

Albisano
311
M. Canforei
426
M. Croce
408
Castion
Veronese
316
V.la Pellegrina

Castello
Scaligero
P. Corno
Crosetta
Bardino
Cona
M. Bandiera
460
Zel
Le Pozze

Oliveti
S. Faustino
Ca' Bordaset
Virle
M. Madonna
290

S. Remo
Formighetta
Le Sorte
M. Lenzino
479
Marciaga
Mad.na del Soccorso
285
Rossar

Canevini
Pi
M. Toel
383
Toél
Marciaga
277
Vacce
Centro Ippico
M. Orione
308
La Va
314

Sorgente
Acque
Fredde
V. del Salto
Toél
Residence
San Michele
Volpara
M. Bran

Fredde
Acque
Le
Murètte
Il Molino
Pozzole
Alti
Ai-Molini
Pignoi

P. Tenai
le Anime
Ca Bianca
M. Luppia
413
Garda
Mirabei
Il Molinet
Beati
Bassi
V. del Moli

Brancolino
M. Are
379
la Busa
Villa Idiana
Gardacqua

Incisioni
Rupestri
C. Pastoria
Residence
Parco del
Garda
Risare

M. Bre
303
Belvedere
Villa di
Canossa
Carlotti
V.la
Farina
Villa
Albertini
S. Bernardo

M. Pomo
172
Castel
Garda
67
Boschi della Rocca

V.la Caratti
Baia delle
Sirene

34

Punta di San Vigilio
S. Vigilio

Rocca
Vecchia
291
Eremo di
San Giorgio
305
S. Colombano

S. Pietro
La Rocca
Arca
Mure
Azienda agricola
Girardelli

Base Nautica
Roccavela
Mezzariva
Pozzo
Plai

Serenella
Ca' Nova
Bertoi

249

Continental
Ca' Nova di Sotto
San Nicolò
Bottrigo

P.ta Cornicello
Circolo Nautico
Bardolino
S. Severo

0   500 m

Cannottieri
Bardolino
S. Cristina

Monte Luppia

Auf Entdeckungstour hoch über der Zypressen-Halbinsel Punta San Vigilio

DAUER	3h 20min
LÄNGE	10,2 km
HÖHENMETER	340 hm
SCHWIERIGKEIT	MITTEL
MIT ÖPNV ERREICHBAR	ja

Das erwartet dich ...

Mäßig steile Waldwege führen uns auf den Monte Luppia, der für seine prähistorischen Felsgravuren bekannt ist. Der Rücken des Gipfels liegt in exponierter Lage am Felsenhang. Von oben eröffnet sich ein wunderschönes Panorama auf den Gardasee. Die Route ist schlecht markiert, Orientierungssinn ist heute unabdingbar. Getränke nicht vergessen, im schattenlosen Gelände kann es heiß herunterbrennen.

Start & Ziel & Anreise

Wir starten heute an der Punta San Vigilio. Mit dem Auto erreichen den hübschen Ort über die A22. An der Ausfahrt Affi/Lago di Garda Sud wechseln wir auf die Strada Provinciale 9. Die SP8 leitet uns über Costermano sul Garda weiter bis Garda. Von hier aus folgen wir der Uferstraße bis Punta San Vigilio. Parkplätze gibt es direkt an der Gardesana. Von Garda fährt der Bus Nr. 484 in Richtung Riva Del Garda. Haltestelle San Vigilio.

Tourenbeschreibung

Wir beginnen an der Punta San Vigilio. Vor oder nach der Tour bietet es sich an, das romantische Areal zu erkunden. Die Route führt uns zunächst über die viel befahrene Gardesana und durch eine schöne Oliventerrasse. An der Weggabelung oberhalb des nächsten Parkplatzes spazieren wir geradewegs in den Wald hinein. An den folgenden Abzweigungen halten wir uns stets links, auf der Schotterstraße direkt oberhalb der Gardesana. Der Weg knickt scharf nach rechts; hier stoßen wir auf einen Felsvorsprung mit herrlicher Panoramasicht zur Baia delle Sirene und über den südlichen Gardasee.

Die Straße verschmälert sich nach einem Linksbogen. An der T-Kreuzung am Monte Pomo halten wir uns links auf der roten 2. An der nächsten Weggabelung folgen wir der Beschilderung „Graffiti" nach rechts. Wir steigen sanft einen steinigen Pfad empor und erblicken recht schnell zu unserer Rechten die ersten glatten Felsen mit Gravuren. Sie stammen aus unterschiedlichen Zeitepochen. Neben Schiffen und Waffen kann man auch ganz deutlich Reiter und Olivenbäume erkennen. Es geht weiter bergauf. Ab Abzweig Nr. 2b oberhalb der Casa Bianca folgen wir rechts dem breiteren Weg Richtung Monte Luppia. Wir schlendern an einer Zypressenreihe entlang nach Süden. Oberhalb einiger Gebäude schwenken wir dann links in den Wald. Vergeblich suchen wir nach den Markierungen, so achten wir auch hier besonders auf die Wegführung. Nach einem Linksknick geht's zweimal rechts, dann stoßen wir auf den Hauptweg. Hier führt uns die rotweiße Markierung zum Monte Luppia nahe des Felsenabbruchs.

Ein schöner Waldpfad führt uns entlang der Felswände, die bis zu 300 m tief auf Garda zu abfallen. Immer wieder erlaubt das lichte Buschwerk wunderschöne Blicke. Die Route leitet uns über den Hauptweg nach Nordosten. An der Wiese mit der großen Eiche wenden wir uns nach rechts zur grasigen Kuppe des Monte Luppia. Nach einer genussvollen Panoramaschau wandern wir weiter den Pfad entlang des kuppigen Rückens. Dann geht's auf breiterem Weg nach links. An einem Querweg halten wir uns rechts hinab bis wir die Dächer von Torri del Benaco unter uns sehen. Wir wandern am Monte Toél vorbei bis zum ersten Gebäude der Località Le Sorte. Hier leitet die Route scharf nach links zur schmalen Fahrstraße. Nach dem Brunnen geht's an hübschen Villen vorbei durch eine herrliche Kulturlandschaft. Nach dem Weiler Le Murette entscheiden wir uns kurz vor der Zypressenreihe für den Weg nach rechts, zurück zur bekannten Abzweigung Nr. 2b. Hier halten wir uns halbrechts zur Casa Bianca. Auf bekanntem Anstiegsweg wandern wir weiter. An der Gabelung Monte Pomo folgen wir der grünen Markierung Nr.3 Richtung Garda. Sie leitet uns eine schmale Straße entlang und steil hinab. Am Ende der Kreuzung spazieren wir auf Schotter zurück zur Oliventerrasse und zur Punta San Vigilio.

Autoren Tipp

Die markante Landzunge Punta San Vigilio zwischen Garda und Torri del Benaco ist ein landschaftliches Kunstwerk. Die wunderschöne Zypressenallee scheint wie ein roter Teppich im Eingangsbereich. Das wunderschöne Anwesen samt Gärten ist privat. Nicht verpassen sollten wir die Kapelle und den kleinen Hafen mit gemütlichem Café. Am Nordufer lädt der kostenpflichtige Kiesstrand der Baia delle Sirene zum Baden ein.

35

Lago di Garda
325
300
250
200
258
Pasola
C. Bosco
96
Casarole
Salto
128
Punta Cottarella
C. Caminala
249
V. Cottarella
Ai Salici
C. Tronconi
Pai da Maria
Ca' Barcelle
Pozzo Lovera
Villanova
Pai
97
C. dei Carotti
Borno
567
V. della Fontana
Bertel
La Casetta
Piaghen
Laguna
Ponte Tibetano
Buco della Volpe
P. Rossetto o di S. Siro
S. Siro
Crero
210
V.la Montagna
Ca' Montagna
La Pozza
Trattoria
Pian Luca
Tese
581
Catoni
Incisioni Rupestri "Graffiti"
Com. S. Zeno di Montagna
Costa Cuco
S. Felice
Spiaggia d'Oro
Cavrie
Macchi
Campas
S. Felice
S. Carlo
Piani
Lastoni
Stropea
S. Zeno
Le Vigne
Camille
Capra
Frader
V.la Bianca
Dordoni
Albergo Belvedere
Pietra Ritta
Veri
Mamma Lucia
Jungle Park Adventure
Fornare
Spighetta
C. Spighetta
Canevoi
Cologne
Roncola
P. Pontirola
Mont de l'Ai
Le Fittanze
Ca Busa
C. Giava
249
Chinet
Ronco
413
Pizzon
302
M. Fontane
404
P. Cavallo
Coi
Loncrino
C. Calzolagne
107
Torri del Benaco
67
Albisano
311
426
M. Canforel
Le Colle
512
Castello Scaligero
P. Corno
Crosetta
Bardino
M. Croce
408
Castion Veronese
316
V.la Pellegrini
Rodole
Azienda agricola Pellegrini
Oliveti
Cona
Zel
Le Pozze
M. Bandiera
460
S. Faustino
Ca Bordaset
M. Arzilla
318
S. Verolo
Virle
S. Remo
Canevini
Le Sorte
M. Lenzino
479
Marciaga
M. Madonna
290
Formighetta
M. Toel
383
Mad.na del Soccorso
285
Le Sengle
Sorgente Acque Fredde
Toel
Rossar
Centro Ippico
V. Volpara
V. del Salto
Marciaga
277
M. Orione
308
Fredde Acque
Vacce
Residence Madrigale
314
M. Bran
La Val
P. Tenai
Le Murette
Il Molino
Residence San Michele
le Anime
Volpara
Pozzole
Alti
Residence la Filanda
Ai Molini
Ca Bianca
M. Luppia
413
Garda
Mirabel
Beati
Pignoi
Brancolino
M. Are
379
Peagne
Il Molinet
Bassi
V. dei Molini
Costermano
Incisioni Rupestri
la Busa
Villa Idiana
0
500 m
Cimitero Militare Tedesco
C. Pastoria
Residence Parco del Garda
M. Bre
303
M. Pomo
Gardacqua
Giare
Villa
Residence Poiano

Panoramatour 35

Crero

Zwischen Olivenhainen zu den spannenden Felsgravuren

DAUER	3h
LÄNGE	11,2 km
HÖHENMETER	425 hm
SCHWIERIGKEIT	MITTEL
MIT ÖPNV ERREICHBAR	ja

Das erwartet dich ...

Diese schöne Wanderung bringt uns über Schotter- und Waldwege, aber auch über Asphalt zu den hübschen Orten Albisano und Crero, oberhalb des westlichen Gardasees. Beim Aufstieg müssen wir auf einigen geröllige Abschnitte achten. Mit schönen Ausblicken erkunden wir die Felszeichnungen von Crero und genießen die Idylle in dem kleinen Örtchen. Der Abstieg ist sehr steil und führt zum Teil über Stufen.

Start & Ziel & Anreise

Panoramatour

Unser Ausgangspunkt ist das Castello di Scaligero in Torri del Benaco. Wir erreichen den Ort von Norden wie auch von Süden her über die SR 49. Mit den öffentlichen Verkehrsmitteln nehmen wir den Bus von Riva del Garda Nr. 484. Von der
Westseite des Sees können wir auch mit der Fähre von Toscolano-Maderno nach
Torri del Benaco übersetzen.

Tourenbeschreibung

Über die Flaniermeile am Castello Scaligero schlendern wir an der idyllischen Uferpromenade nach Norden. Hinter der Piazza Chiesa und ihrer mächtigen Kirche
wenden wir uns nach rechts zur Gardesana bzw. Via San Carol, dann kurz nach
links. Gegenüber vom Haus mit der Nummer 77 folgen wir einem gepflasterten
Fußweg angenehm hinauf. Die Via G. Rossini führt uns nach links bis zur Kreuzung, an der wir nach rechts den Stufen hinauf folgen. An der Località Coi halten
wir uns links. An einem steinernen Haus der Località Locrino und dem gegen-
überliegenden Madonnenschrein folgen wir dem Weg Nr. 41, dem „Percorso
Pellegrini" auf einer Pflasterstraße hinauf Richtung „Graffiti del Crero". Leicht ansteigend wenden wir uns an der nächsten Gabelung nach links. Der Weg führt
über einen Bach, dann auf und nieder zwischen den Olivenbäumen hindurch.
Bald überqueren wir eine Straße und laufen auf steinigerem und steilerem Weg
bergan.

Eine gute Stunde hinter Loncrino gelangen wir an eine Weggabelung mit einer Bank. Links, leicht hinab Richtung Crero erreichen wir nach zehn Minuten die Graffiti del Crero, die Felszeichnungen auf der rechten Seite. Kurz darauf gelangen wir nach Crero. Das Örtchen verzaubert uns mit seinen hübschen Steinhäusern und dem Kirchlein San Siro. Nach deren Besuch ein wenig außerhalb des Ortes kehren wir zur Weggablung zurück und wandern auf dem breiten Weg Nr. 40 halblinks leicht hinauf. Schließlich gelangen wir auf die Via delle Fittanze. Wir folgen ihr kurz nach rechts, an der Bushaltestelle wieder links auf die Schotterstraße Via Ca'Bianca. Rechts über den Spielplatz folgen wir der SP9 nach links und passieren das Hotel Panorama.

An der Kirche San Martino von Albasino rechts vorbei folgen wir dem braunen Schild „Torri" hinter dem großen Parkplatz nach rechts. 110 Stufen führen uns zu einer Forststraße hinab. Wir biegen links ein, dann folgen wir dem Asphalt bis zur T-Kreuzung; hier laufen wir rechts zwischen den Olivengärten hinab bis zur Trattoria agli Olivi. Vorher folgen wir nach links weiter den Schildern Richtung Torri. Die folgende Kreuzung führt uns nach rechts zwischen den Mauern hindurch zur Località Loncrino. Nun wenden wir uns nach links und wandern auf demselben Weg wie zu Beginn zurück zum Castello Scaligero in Torri del Benaco.

Bocchetta
di Coal Santo
1993

M.ga
Pissarola
1234

Vallone d Creta

Valle Lonza

Cambrigar

Meneghei

V. di Ranz

le sponde

V. Valnasse

Costasenel

I Molini
Casarole

Belluno
Veronese

148

Com.

S. Andrea

Ossenigo
146

V.gio
Alpino

Campedello
1065

Felesar

Mezzavilla
-di Sopra
Moie
Rive
-di Sotto

Valdeforte

Passo del
Casello
1079

M.ga Albare'
1025

M. Castelcucco

Il Lavaccio

Valle dei Coali

Peagne

Castelletti
1014

Portole

Ferrara
di M. Baldo
856

Soggiorno
Fortunata
Gresner

Brentino-

Tese

Dosso Struzzena
1182
Sacrario
del Baldo
1310

V.gio
Albare

Capitel
-di Sotto

Piani di resta

Festa

1087

Il Fortino
Saugolo

Fraine

1051

Pian dei Biguli

Passo della Crocetta
990

-Belluno

Giassetta

Cavaterra

M.ga Valfredda
di Dentro

Val Basiana

Coston di Basiana

M.ga
Basiana
1065

-di Sotto
Pravazzar
-di Sopra

Ponte
Tibetano

M.ga
Orsa

Ca' Nova

A22

Alb. Belvedere
125

E45

M.ga Valfredda

Agritur Ime
1128

Ime
1132

F.lli del
Coltri
894

Vivaio
della
Pozza Ferrara

Preelle
986

Monte Cor
1018

Capitello d'Orsa

Peri
140

Rosette

V. Salve Regina

Salve
Regina
1022

Dosso d.
Croce
971

Peretti

Madonna
della Corona

Falesia
dell'Orsa

L'Isola Che
'Non C'e'

Sotto le Coste

Rivalta
133

M. Battuciano
641

Moie
781

Le Binde

Spiazzi
864

Coltri

M. Cimo
956

Agritur
al Castel

3t

Colle Ara
331

Pradonego
912

Costiol

Croce del
Caporale

P

Brentino
187

Campi lunghi

P

Zona Arch.
Servasa

Prati Bassi

Cava
del Prete

Ca' del Prete

Sengio delle Bionde

903

Dosso Biotto

Malcotta

Sbassega

Piani

Carotta

12

Salzano
696

Ledro
690

Andrini

Rocca
di Berra
852

Omaner

P.te V. d.
Scala
563

Stringari

Ca del
Stringa

Ex Forte
Cimo Grande

Costa Vergnana

Breonio
852

Vettor

Castagnara

Masetto

Papalina

V. di Vergnana

M. Crocetta 951

Braga
594

Vezzane

Croce
del Lotto

Maso

Bus di
Sacoi

Bus della
Mateia

V. della Contessa

Braghizzola
572

M. Motta

Renzon

C. Prealba

Bus del
Bondol

Sgarbel

Preabocco
139

M. Pastelletto
1031

Pramaggiore

Caodevilla

Fenilletti

Giardino delle Peonie

Ca Longa

Ca Scala

M. Le Saline
664

P

Mascalzon

Paroletto
893

Pazzon

Ca Barlot

Broieschi

Pontara

Porcino
330

Cimaino

Cristo
d. Strada
C. Magnoni

A22

E45

825

Sengia Rossa

Le Rive
-di Sopra

M. Creta
807

Vegerana

Turan

Oveti

Gamberon

Ca' Nova

M. Cordespino
628

Rovinal
C.no Ruzenenti

-di Sotto

0 500 m

Campagnar

Lubiara

Cava di
Marmo

Ca di Sopra

Il Maso
115

Cave di

V.la
del Vento

Sengia
Rossa
650

Camillon

Dolce

Marini

Valdari

Bottesella

Geschichtstour 36

Madonna della Corona
Über spektakuläre Felsstufen zu einem der schönsten Wallfahrtsorte Norditaliens

DAUER	3h 30min
LÄNGE	6,5 km
HÖHENMETER	695 hm
SCHWIERIGKEIT	MITTEL
MIT ÖPNV ERREICHBAR	ja

Das erwartet dich ...

Das Pilgern wird uns heute nicht leicht gemacht. Rekordverdächtig viele Treppenstufen müssen wir bei diesem Aufstieg überwinden. Bei 1400 hat der Autor aufgehört zu zählen. Die Wege sind sehr steil, verlaufen aber zum Glück überwiegend im Schatten. Dabei gilt es unzählige Steinstufen zu überwinden, teils am Fels und seilgesichert. Zwischendurch können wir auf schönen, breiten Waldpfaden wieder etwas entspannen. Ausdauer und Abenteuerlust sind heute eine notwendige Voraussetzung.

Start & Ziel & Anreise

Unsere atemberaubende Wallfahrtsrunde beginnt heute in Brentino. Von der A22 nehmen wir die Ausfahrt Ala/Avio und folgen der SP90 an der Autobahn entlang bis Brentino. Parkmöglichkeiten gibt es unterhalb der Bushaltestelle. Von Garda fährt ein Bus sowohl nach Spiazzi als auch nach Brentino. Auskunft in der Tourismusinformation.

Tourenbeschreibung

Wir spazieren vom Ortskern in Brentino durch die Via Santuario, hinauf zu den beiden großen Kastanienbäumen. Direkt daneben befindet sich ein Wasserbecken. Wir richten uns nach dem ausgewiesenen „Sentiero della Speranza" und der Wegmarkierung Nr. 73. Die nächsten 100 Höhenmeter steigen wir über breite, gleichmäßige Stufen an. Dann wechseln wir auf einen kieseligen und angenehmen Bergweg. Gute zwanzig Minuten später machen wir einen klitzekleinen Abstecher nach links zum großen Wegkreuz, um einen Moment den Ausblick ins Etschtal zu genießen.

Die Route beschreibt einen großen Rechtsbogen und leitet uns zu einem steinernen Rastplatz, den so genannten „Polsoara-Stein." Wir wandern weiter, über felsigen Untergrund Richtung Nordwesten. Immer wieder helfen Drahtseile über heikle Wegstücke hinweg. Über uns erheben sich die gewaltigen Felsklippen –

1921 ereignete sich hier der letzte Felsrutsch. Bis heute sind die Spuren dieses Ereignisses sichtbar. Bei einem Waldstück erreichen wir schließlich eine gigantische Felswand – doch der Weg ist nicht auf den ersten Blick ersichtlich. Beim genaueren Hinsehen entdecken wir eine steile, in den Fels gehauene Zickzack-Treppe. Der verblüffende Weg raubt uns schier den Atem. Etwa auf der Hälfte befindet sich die Grotta della Pietà. Sie beheimatet eine Miniatur der Madonna und ein Pilgerregister. Zudem ist das Panorama überwältigend.

Die Route setzt sich auf einem Schotterweg fort. Wir wandern durch ein Waldstück, dabei ignorieren wir alle Abzweige nach Canale oder zur Malga Orsa. Wir queren die schmale Brücke Ponte del Tiglio und steigen auf zahlreichen und breit angelegten Stufen hinauf zur berühmten Wallfahrtskirche Madonna della Corona, die sich hier eng an den Fels schmiegt. Ein wahrhaft zauberhafter Ort des Gebets und der inneren Einkehr inmitten der Natur. Nebenan gibt es ein Café, in dem Getränke und kleine Speisen angeboten werden.

Der Wallfahrtsort ist auch bequem von Spiazzi aus zu erreichen. Dafür folgen wir einfach der Fahrstraße bzw. dem breiten Kreuzweg oberhalb der Stufen in zahlreichen engen Kehren hinauf. An der Gabelung halten wir uns links. Binnen zwanzig Minuten gelangen wir nach Spiazzi. Hier locken gleich mehrere Restaurants zu einer kurzen Einkehr. Auf dem Hinweg wandern wir auch wieder zurück.

Autoren Tipp

Die Wallfahrtskirche Madonna della Corona ist eine in den Fels gehauene Eremitage und eine der bekanntesten Wallfahrtskirchen in Norditalien. Sie liegt auf 773 m Höhe knapp über dem senkrechten Felsabbruch. Die erste Kirche wurde 1530 gebaut, um die Erscheinung der Statue der Schmerzensmutter zu feiern. Es handelt sich um ein kleines bemaltes Steinbildnis, das die Madonna darstellt, die den toten Christus auf ihrem Schoß hält.

249 Magugnano
S. Giovanni
Mamiga

Pianise 565
M.ga Zovel
Costa Mezzana
Forcellin 1607 · 1690

Buso delle Taccole
P. Telegrafo
(M. Maggiore) 2200
Rif. Gaetano Barana 2147
Punta Sascaga 2136

Com. Brenzone sul Garda
Künstlerdorf Villagio di artisti
Campo 234
Palazzina
Bosco di Quain
Punta Veleno 1154
B.to Scale 1147
1116
Todarì

S. Antonio delle Pontare
Casera Trovai
Casera Troval
V. delle Nogare Mura

V. di Trova

V. di Prà

B.to Malmor.

Vetta delle Buse 2152
Pso del Camino 2128

Marocco

C. Marte Basso 74
C. Politei
M.ga Val di Fies
Ca Lunghe
Residence Romantica
Ca Chemasi

Pozzo delle Buse

Coal Santo 2072
Bocchetta di Coal Santo 1993
Cima Costabella 2058

Campedello 1065
Felesar
M.ga Lonza 1266
M.ga Pissarola 1234
V.gio Alpino
-di Sopra Moie-
Rive
-di Sotto

Monte Baldo
S. Francesco 1005
C. del Crodon 1196
M.ga Pra del Becco
M.ga Valvaccara

Rif. Chierego 1911
Rif. Fiori del Baldo 1815

Valle del Coali

Valle di Senaga
C. M. Biasi 723
C. Bocula
Bosco Colonei
Edelweiss
Prada Alta 1013
Grolai

Sole Neve
(Cestovia/Korblift)
Costa Tiglia
Ortigaretta 1494

Malga Prada (ex Rif. Mondini) 1550
M.ga della Neve

M.ga Valvaccara

Valle Fredda

Dosso Struzzena 1182
Sacrario del Baldo
Peagnie
Castelletti 1014
1087
Il Fortino Saugolo
1051

Val Basiana

M.ga Valfredda di Dentro 1310

V. di Sacco
C. Folesino
Baiti di Ortigara
Mad. della Neve 1438

Costabella

Bocchetta di Naole 1686
Ex Forte di Naole 1675

M.ga Valfredda

Coston di Bastana

M.ga Basiana 1065
-di Sotto Pravazzar- -di Sopra

S. Bartolomeo 937
La Palazzina
Pozze Nuove
Pralungo Basso
Al Cacciatore 918
M.ga Pralungo 1282
Cima Mandra 1294
Traure 1111
Pozze di Pralungo
37

Fondi di Pralungo
Spurga di Ortigara

Baito di Naole 1583
P.ta di Naole 1659

Agritur. Ime 1128
Ime 1132

Fornaici Rubiane
V. Salve Regina

Vivaio della Pozza Ferrara
F.li dei Coltri 894
Preelle 986
Dosso di Croce 971

Cavallari
1055
B.ta del Santi 969
Cason

Dosso dei Cavalli
Creste di Naole

M. Sparviero 1516
Colonei di Caprino
Salve Regina 1022

Pozza Veochie
Brag. Rubiane
Le Binde
Mole 781
Spiazzi 864
Coltri

Valle della Pra
Vallone Della Costa
San Eustachio
Monteselli 1159
Spurga de Monteselli
1327

Malga Zocchi
Colonei di Pesina
Pradónego 912
Montesel
Costiol
Malcotta
Croce di Caporale

Zilone 1090
1054
Dosso Zitoncello
Valdabin
C. Sparviero 1154
Baito Cola Lunga
-di Sopra
-di Sotto 876
1167

Dosso Bandiera 1293
1247
Colonei di Pesina 963
Baito di Gro
Pozza Laguna
Pozze dei Frances
Topei 1265
Baito di Tesi
Laguna 753
901
Laguna 753
Ledro 690
Salzano 696
P.te V. d. Scala 563
Andrin
Stringari
Ca del Stringa
Masetto
Papalina
Maso

Dosso Buca Pomar
Fintamorbole -di Sotto
1327

Sengia Camara
Sengio Grigno
Sengio Rosso
963
La Fabbrica 902
Ca Valmenon
Braghizzola 572
M. Motta
Braga 594
Vezzane
Croce del Lotto

Sengio Rosso

V. delle Giare

Mas

Pontarol 588
Crocetta del Monte Creta
Vilmezzano
Ca de
Caodevilla
Fenileti
Renzon
C. Prealba
Ca Longa
Ca Scala
Sgarbei
Giardino delle Peonie

0   500 m

664

Panoramatour 37

Costabella
Über Forte di Naole auf den südlichen Monte Baldo Kamm

DAUER	4h
LÄNGE	13 km
HÖHENMETER	720 hm
SCHWIERIGKEIT	LEICHT
MIT ÖPNV ERREICHBAR	nein

Das erwartet dich ...

Auf dieser leichten, familienfreundlichen Route genießen wir den Blick auf den Gardasee und die Berge des Etschtals mit der Carega-Gruppe. Dabei führen uns größtenteils Forststraßen, immer wieder wandern wir auch mal auf Wiesen- und Waldpfaden. Auf der Costabella erwartet uns ein luftiger Bergpfad.

Start & Ziel & Anreise

Unser Ausgangspunkt ist der Wanderparkplatz Due Pozze di Pralungo. Mit dem PKW geht's auf der A22 nach Süden. Bei der Ausfahrt Affi-Lago di Garda Sud wechseln wir auf die Strada Provinciale 29, dann weiter über die SP9. Kurz vor Prada Bassa geht's rechts über die Strada per Naole in einer langen, kehrenreichen Straße hinauf zum Parkplatz.

Tourenbeschreibung

Am Parkplatz Due Pozze di Pralungo entscheiden wir uns zunächst für die Schotterstraße Richtung Naole. Sie ist grün-weiß mit der S47 markiert. Nach einem Waldstück halten wir uns an einem Abzweig rechts auf die Nr. 655 (rot-weiß). Sie führt uns südostwärts über eine Forststraße. In einem großen Linksbogen geht's bis knapp unter den Kamm der Creste di Naole. Dann steigt der Weg steiler nach Norden an. An der Gabelung nach der Kurve biegen wir scharf rechts Richtung Naole ab. Wer abkürzen möchte, der kann geradeaus weiter über den Schotter gehen oder knapp danach am oberen Kamm weiter.

Wir passieren einen kleinen Teich in einer Wiesensenke und folgen weiterhin dem steinigen und breiten Weg aufwärts. Der gesamte Graskamm über uns ist mit einer langen Steinmauer versehen. Direkt vor uns erblicken wir die Malga Naole. Dahinter liegt die Ruine Forte di Naole von 1914 mit herrlichem Blick ins Etschtal.

Auf dem westlicheren Kamin befindet sich der Obelisk der Partisanenbrigade Avesani. Ein Wiesenweg führt uns hinab zur Steinmauer und zur Bocchetta di Naole, an der wir halblinks den steilen Hang wieder hinaufwandern. Unter der Stromleitung hindurch erreichen wir die Hangkante der Costabella.

Pfadspuren leiten uns am Stacheldrahtzaun rechts. Immer wieder halten wir inne, um das fantastische Panorama zu genießen. Der oft leicht steinige und spärlich markierte „Sentiero Naturalistico" bringt uns direkt zur Sessellift-Bergstation am Rifugio Fiori del Baldo 05. Eine viertel Stunde entfernt liegt das Rifugio Chierego. Es bietet ebenfalls ein außerordentliches Panorama. Wir wandern weiter über die Forststraße zur Kapelle San Bernardo. Scharf nach links geht's zurück zur Bergstation des Sesselliftes – leider nicht mehr in Betrieb. Pfadspuren leiten uns rechts hinab über offenes Weideland zur verlassenen Malga Prada.

Wir halten uns nun auf den Pfad „51". Er führt uns am Steingebäude der Sennerei Ortigaretta vorbei. Achtung, kurz danach müssen wir mit der Nr. 51 links abzweigen. Kurz hinauf, über eine Steinmauer, dann schlendern wir hinab und links am Teich vorbei. Noch vor den Baiti di Ortigara geht's am Abzweig rechts durch den Wald hinab. An der Gabelung links gehalten zum bekannten Abzweig. Rechts herum spazieren wir zum Parkplatz Due Pozze di Pralungo zurück.

Fiume Aril
Cassone
La Torresela
Granei
Valle Perara
Le Vigne
Punta d. Marola 1346
Lastoni
Cima dei Longino
2179
Cima Val Finestra
Isola Trimelone
Panorama
Fichet 304
Fintanelle
Valle dei Molini
La Guardiola 1850
P.ta la Dossa 1285
P.ta Ciusole 1320
B.to Val Dritta (rud.) 1820
Cima Valdritta 2218
2086
Cima Val Finestra
Bellavista
Antonio
Assenza
Sommavilla 127
Capitello della Merla
S.S. Benigno te Caro
830 m
Balot taca via
Pala di S. Zeno 1226
Selva
Forc. Valdritta 2107
Baldo
Lago di Garda
82
Fossa 306
Bosco d'Azzaga
Pezzi
Lucia
Borago
Punta Manara 1672
Valle Larga
Mezzon
Castello di Brenzone
Monja
Zignago
M.ga Brione 945
V. Mezzana
Valle degli Ossi
Buso delle Taccole
Punta Pettorina 2192
Belfiore Park Hotel
Denis
Perotti 315
Carpenare 626
Costa Mezzana 1607
Forcellin 1690
P. Telegrafo (M. Maggiore) 2200
Maroffol
Maguignano 74
Pianise 565
M.ga Zovel
Val d'Pre
Rif. Gaetano Barana 2147
B.to Malmor
Punta Sascaga 2136
S. Antonio delle Pontare
V. delle Nogare
Mura
Casera Trovai
Planeti
P.so del Camino 2128
Vetta delle Buse 2152
M.ga Lonza 1266
Com. Brenzone sul Garda
Künstlerdorf Villagio di artisti
Palazzina
Bosco di Quain
Punta Veleno 1154
B.to Scale 1147
B.to Buse 1639
Pozzo delle Buse
Coal Santo 2072
Bocchetta di Coal Santo 1993
M.ga Pissarola 1234
V.gio Alpino
Felesar
C. Marte Basso
1116
Todari
Ca Chemasi
2058
Cima Costabella
Residence Romantica
Campedello 1065
Mezzavilla
di Sopra
Rive di Sotto
C. Politei
M.ga Val di Fies
Rif. Chierego 1911
Moie
Ca Lunghe
Monte Baldo
M.ga Pra del Becco
M.ga Valvaccara
Rif. Fiori del Baldo 1815
Valle dei Coali
1005
C. M. Biasi 723
C. del Crodon 1196
S. Francesco
Malga Prada (ex Rif. Mondini) 1550
Dosso Struzzena 1182
Sacrario del Baldo 1014
Peagne
Castelletti
Valle di Senaga
C. Bocula
38
(cestovia/Korblift)
Ortigaretta 1494
M.ga Valfredda di Dentro 1310
1087
Il Fortino
Saugolo
105
Edelweiss
1013
Sole Neve
Costa Tiglia
Val Fredda
Prada Alta
Val da Sacco
C. Folesino
Bocchetta di Naole 1686
M.ga Valfredda
Coston di Basiana
Preale 986
Dosso di Croce 971
Grolai
S. Bartolomeo 93
La Palazzina
Pozze Nuove
Prada
V. di Sacco
Baiti di Ortigara
Mad. della Neve 1438
Ex Forte di Naole 1675
M.ga Basiana 1065
di Sotto
Pravazzar di Sopra
Al Cacciatore 918
M.ga Pralungo 1282
Pralungo Basso
Spurga di Ortigara
P.ta di Naole 1659
Agritur. Ime 1128
Ime 1132
F.li del Coltri 894
Cavallari 1055
Cima Mandra 1294
Traure 1111
Cason
Pozza di Pralungo
Baito di Naole 1583
Vivaio della Pozza Ferrara
Moie 781
Spiazzi 864
Fosso dei Cavalli
Creste di Naole
V. Salve Regina
Salve Regina 1022
Le Binde
M. Sparviero 1516
Colonei di Caprino
Pradonego

0   500 m

Panoramatour 38

Punta Telegrafo
Panoramatour über Almwiesen in alpines Felsgelände

DAUER	6h 45min
LÄNGE	17 km
HÖHENMETER	1410 hm
SCHWIERIGKEIT	MITTEL
MIT ÖPNV ERREICHBAR	ja

Das erwartet dich ...

Die Wanderung auf den Punta Telegrafo ist eine lange und anstrengende Unternehmung auf schmalen Bergpfaden. Abwechslungsreich geht es aber allemal zu: Der „Sentiero Natura" ist geprägt von Murmeltieren, Bergschafen, Gämsen und vielen bunten Blumen. Die Wiesen bieten weite Sicht auf den Gardasee. Der Weg läuft mehrfach auf und ab. Am Kamm wird es grobsteinig und zerklüftet. Orientierungssinn, gute Kondition und Wasser sind heute sehr wichtig. Bei Nebel und Nässe ist abzuraten.

Start & Ziel & Anreise

Unser Startpunkt ist Prada Alta. Wir verlassen die A 22 an der Ausfahrt Affi/Lago di Garda Sud und folgen der SP 29 und im weiteren Verlauf der SP 9 nach Prada Alta. Parkmöglichkeiten gibt es an der Seilbahnstation. Bus Nr. 470 fährt von Garda nach Prada. Die Haltestelle Prada wird jedoch nur bis ca. Mitte September angefahren. Infos bei den örtlichen Tourismusbehörden.

Tourenbeschreibung

In Prada Alta starten wir an der wiedereröffneten Seilbahnstation und folgen dem Weg S44 Richtung „Stazione Intermedia". Rasch wird es steiler. An den folgenden Gabelungen richten wir uns stets nach der S44. Nach dem Viehzaun halten wir uns rechts auf einen steinigen Waldweg. Wir spazieren unter der Seilbahn hindurch zu den Wiesen mit einem kleinen Holzpfahl. Dann geht's links hinauf zum nächsten Viehzaun. Wir halten uns rechts, durchqueren ein Waldstück und erreichen in einem Linksbogen die Mittelstation und die Malga Prada.

Weg Nr. 55 führt uns nun über einen Wiesenpfad gen Norden, an Almgebäuden und Speicherteichen vorbei. Eine halbe Stunde später können wir beim Baito Buse eine Rast einlegen. Ein herrlicher Blick versüßt uns die Pause. Dann schickt uns ein Wegweiser rechts eine steile Serpentine hinauf, durch einen Steingraben und am Signalmast vorbei. Dann zwischen Latschenkiefern nach Osten hinab. In der

Talmulde halten wir uns bei den Felsblöcken links in nordwestliche Richtung. Der Pfad steigt an und umgeht einen Bergrücken, dann richtet er sich wieder steil hinab gen Osten. Wir durchqueren die Latschen bestandene Senke durch zwei markierte große Felsen hindurch. Dann steigen wir wieder nach Nordwesten an. Steile Kehren bringen uns bis zum Wegweiser.

Hier halten wir uns rechts mit der Nr. 654. Am Rifugio Gaetano Barana können wir eine Rast einlegen. Dann sind es nur noch zehn Minuten bis zur Punta Telegrafo, an der uns ein Gipfelkreuz samt Panoramablick erwarten. Am Wegweiser oberhalb der Hütte steigen wir zur Ostflanke ab. Rechts führt uns der Weg Nr. 658 über die seilversicherte Kurzvariante. Bei Höhenangst meiden! Wir halten uns steil bergauf an der Vetta de Buse vorbei und durch zerklüftete Felslandschaft. Nach zwei Felsentürmen stehen wir am Passo del Camino.

Wir steigen weiter nach Westen ab. An der Bocchetta di Coal Santo erwartet uns ein letzter Anstieg, dann gönnen wir uns am Rifugio Chierego eine verdiente Pause. Noch einmal lassen wir den Blick über das Etschtal, auf die Costabella und zum Gardasee schweifen. Dann steigen wir weiter hinab zum Rifugio Fiori del Baldo und weiter auf breitem Weg abwärts zur Malga Prada. Der restliche Abstieg erfolgt auf dem Anstiegsweg.

Prabione
534
Campogrande
474
M. Castello
779
C. del
Seres
Mad. di
Montecastello
683
Com. Tignale
Punta
Forbisicle

Campione
del Garda

45bis

Lago di Garda

346

· 65

Isola
Trimelone

82

Isola
dell'Olivo
Val di
Sogno

Isola
Val di Sogno

8

Garden
Residence
Doss del Pis
229

Caris

Lavei

Preera

M.ga Fiàbio
740

249

39

Museo
del Lago
La Toresela
Cassone
Le Vigne

Maroc
Valle Perara Pta del
832
Granei Vescovo

Panorama
Bellavista
Antonio

Assenza

Fichet
304

Fintanelle

Valle dei Molini

Sommavilla
127

Capitello
della Merla
Balot taca via

830 S.S. Benign
e Carò

Pala di S. Zeno
122

Lucia
Borago
Monia

Zignago

Fossa
306

Bosco d'Azzaga

M.ga
Brione
945

M.ga
Brione
945

Castello
di Brenzone

Belfiore
Park Hotel

Denis

Perotti
315

Pianise
565

Carpenare
626

V. Mezzana

Costa Brione

Costa Mezzana

1607

Magugnano
74
S.Giovanni

Primavera

Marniga

S. Antonio
delle Pontare

Mura

Valle delle Nogare

M.ga Zovel

Casera
Trovai

249

S. Maria

Baldo

Künstlerdorf
Villagio di artisti
Campo
234

Com. Brenzone
sul Garda

Palazzina

Bosco
di Quain

Punta Veleno
1154

B.to Scale
1147

1116

Todari

Pozzo
delle Buse

B.to
Buse
1639

39

Castelletto
di Brenzone Fari
68

Circolo
Nautico
Le Maior

V.la Angelieri
Croce

Sant'Antonio
Biazza

Fasòr

Pissarotta

C. Marte
Basso

C. Politei

M.ga
Val di Fies

Ca Lunghe

Residence
Romantica

Ca Chernasi

S. Zeno
San Zeno

Le Maior

Paradiso
Prea
Casale
156

Preon

Tombiol

Vicari

C. M. Biasi
723

Cottarella
548

Valle di Senaga

1005
S. Francesco

M.ga Pra
del Becco

C. del Crodon
1196

Monte Baldo

Malga Prada
(ex Rif. Mondini)
1550

M.ga
Valvaccara

Pirle

Le Ca
634

C. Bocula

Pasola
96
C. Bosco

C. M.
della Fame

C. Bodolo

Bosco Colonei

Edelweiss

Sole Neve

1013

Prada Alta

(cestovia/Korblift)

Costa Tiglia

Ortigaretta
1494

Le Fasse

S. Bartolomeo
937
La Palazzina

Grolai

Val da
Sacco

C. Folesino

Balti di
Ortigara

0   500m

39

Kulturtour

Cassone – Campo

Oliventerrassen und ein malerisches Künstlerdorf

DAUER	2h 20min
LÄNGE	7,5 km
HÖHENMETER	460 hm
SCHWIERIGKEIT	LEICHT
MIT ÖPNV ERREICHBAR	ja

Das erwartet dich ...

Die malerische Streckenwanderung führt uns über Maultierpfade und steile, holprige Kopfsteinpflasterwege. Sie ist technisch zwar einfach, kann – besonders bei Regen – tückisch werden und verlangt ein wenig Trittsicherheit. Auf unserem Weg passieren wir das Zentrum der Olivenölproduktion am Gardasee. Zudem erwarten uns drei malerische, mittelalterliche Dörfer, die uns in eine längst vergangene Zeit zurückversetzen.

Start & Ziel & Anreise

Ausgangspunkt ist die Bushaltestelle in Cassone. Mit dem Auto erreicht man den Ort auf direktem Weg über die Via Gardesana/SR249 von Norden oder Süden. Da Parkplätze jedoch rar sind, reist man besser öffentlich an: Stündlich fährt der Bus Nr. 484 von Riva nach Garda die Via Gardesana entlang mit Stop in Cassone.

Tourenbeschreibung

Über die Via Chiesa in Cassone laufen wir bergauf zum Parkplatz, an der schönen Kirche vorbei. Dabei behalten wir immer die Markierung Nr. 31 im Blick. Die Via Zeno führt uns halbrechts über mittelalterliches Kopfsteinpflaster Richtung Campo. Ein idyllischer Pfad führt uns halbrechts durch die schattigen Olivenhaine, garniert mit einem wunderschönen Panoramablick. Auf der Via Alpini wandern wir immer geradeaus, durch zwei Torbögen hindurch und bis zur T-Gabelung, an der wir der Markierung nach rechts zur Fahrstraße nach Sommavilla einbiegen. Im Ort halten wir uns links über die Via Monteccio hinauf an einen Parkplatz. In einer Kurve treffen wir dann an einer Kreuzung auf einen Torbogen und eine Trinkwasserquelle. Hier geht es weiter geradeaus, über einen markierten Pflasterweg hinauf. Schließlich befinden wir uns auf einem Themenweg mit Schautafeln. Ein Kalkofen veranschaulicht die Zeiten, als hier noch Ton gebrannt wurde.

Bald befinden wir uns direkt über Castelletto di Brenzone. Hier wartet schon eine Aussichtsbank auf uns. Der weitere Weg bringt uns über Kopfsteinpflaster an eine Wegkreuzung und zur Ruine Perotti. Noch einmal steigen wir eine viertel Stunde steinig und steil bergauf, über den Weg mit der Markierung 31/33, dann erreichen wir die Kapelle San Antonio delle Pontare. Hier haben wir den höchsten Punkt unserer Wanderung und zugleich einen romantischen Rastplatz erreicht.

Der Rückweg mit der Nummer 31 bzw. der blauen Route Nr. 4 beginnt auf einem sehr steilen und glatten Maultierpfad. Vorsicht ist geboten, hier wird es auch ohne Regen schnell rutschig. An seinem Ende führt uns eine Pflasterstraße rechter Hand noch steiler abwärts bis zu einer Hauseinfahrt, an der wir kurz über Asphalt nochmals abwärts wandern. Der darauffolgende Wegweiser lässt uns nach links abbiegen, hinauf Richtung Campo/Fasor über den markierten Weg Nr. 31. Rund um uns herum erblicken wir Oliven über Oliven, zwischendurch schimmern die Trockenmauern hindurch.

Dann gelangen wir an die Ruinen von Campo mit der besonders schönen Kirche San Pietro in Vineoli. Hier führt uns der Weg Nr. 31 hinab, durch einen Torbogen hindurch und am Heiligenschrein vorbei auf der Route 4 Richtung Biaza. Wir schlendern durch einen lichten Olivenhain, an einer Steinmauer entlang, dann halbrechts die Straße hinab. Der Weg begleitet uns durch Faso. In Biaza am Heiligenbild wenden wir uns am Wegschild nach rechts Richtung Castelletto. Die Via Monte Baldo und die Via T.G.Trecca bringen uns weiter talwärts. Schließlich erreichen wir nach links über die Via Valle den wunderschönen Ortskern von Castelletto di Brenzone, in dem uns eine idyllische Uferpromenade und das interessante Museo Etnografico erwarten.

Autoren Tipp

In Castelletto di Brenzone erwartet uns das interessante Museo Etnografico. Allein das Gebäude ist ein aufschlussreiches Zeugnis der hiesigen Architektur im historischen Zentrum von Castelletto. Ausgestellt werden auf drei Stockwerken typische Wohnformen vom Ende des 19. Jahrhunderts mit charakteristischen Arbeitsgeräten für Fischerei, Olivenanbau, Viehzucht und Seidenraupenzucht. Weitere Infos unter: https://www.brenzone.it/de/natura-cultura-deu/museo-etnografico-deu

Lago di Garda
249
Martora
Campagnola
Azzuro
Lombardi
Martora
Claudia
M. Fubia 467
Campagnola
Tonini
Pant
Morettine
Ruina
Palazzina
Doss del Cus 139
Dumes
Carera
S. Antonio
353
La Rocchetta
Campiano
Ciresuol
Dosso Mago 391
Agritur. S. Maggiore
C. Beni Incolti 470

Agritur. Ca'Vecia
La Guardia 728
Valle Flogher
V. Noghera
V. Brentin
Faigolo 426
B.ta d. Sopee
Rif. Bar Prai 1300
Prai
La Capannina
Co di Crat
C. V. Cesera 635
Capitello S. Valentino
Locanda M. Baldo
563
S. Michele 575
Pastagno 948
Il Signor
Ric. Forestale 1013
Le Vignole
Rif. Forestale i Piombi 1154
Col di Piombi 1163
Selva Pezzi
Dosso Castione 1261
Baito delle Pozzette 1502
Riserva
Naturale
Integrale
Cima delle Pozzette 2132
La Guardia 1520
Cima del Longino 2179
Punta d. Marola 1346
Lastoni
P.ta la Dossa 1285
La Guardiola 1850
P.ta Ciusole 1320
B.to Val Dritta (rud.) 1820
Cima Valdritta 2218
Cima Val Finestra 2086
Forc. Valdritta 2107
Selva
Pezzi
Punta Manara 1672
Valle Larga
Baldo
Mezzo
Punta Pettorina 2192
Buso delle Taccole
Forcellin 1690
P. Telegrafo (M. Maggiore)

V. Nogarola
Valle dell'Acqua
Maroc
Dosso Moreont
Cime di Ventrar
La Piada
Colma di Macesine
P. di Vo 4537
C. di Vo
1751
M. Grande 1782
Funivia di Monte Baldo
M.ga Tratto Spino di Sopra 1720
Baita dei Forti 1752
1720
Bocca Tratto Spino
V. di Calonei
Artillone
Val Dritta
M.ga Artillone 1539
Monte
Baldo
M.ga Acquenere 1347
Passo Campione 1386
Cavallo di Novezza 1438
M.ga Novezza 1416
Novezza 1390
Baita Genzianella
San Michele del Baldo
C. Paloni

40
M. Grande
Bocca di Navene 1425
Rif. Bocca di Navene 1425
Colmetti 1499
M.ga Zocchi
di Sotto 1356
di Sopra 1630
1427
M.ga Tratto Spino di Sotto
Bocca delle Scalette 1331
M.ga Pra Alpesina 1457
M. Dossioli 1519
M.ga Dossioli 1444
M.ga Cola 1286
Dosso dei Morti
Parco
Pra Alpe
Perotti
1485
M.ga Trembari 1364
Alb. Alpino 1113
Rif. M. Baldo 1120
1728
del
V. dei Cannoni
M.ga Pian della Cenere
M.ga Artiloncino 1437
Pian di Cenere
Biv. C.G. Avio 1009
M.ga Fassole 1313
Punta delle Redutte 1619
Passo del Cerbiolo 1370
M.ga Cerbiolo 1235
M. Cerbiolo 1559
Paloni di M. Cerbiolo 1427

M.ga Canalace 1575
Corna Piana 1736
Riserva
Naturale
Rif. Fos-Ce 1432
Ex Cimitero Militare
Miniera Terre Verdi
M.ga Pianeti 1161
M.ga Postemonzel 1189
1043
M.ga Tretto 1125
1227
Passo Pozza della Cola 1287
Cola 1286
1138
Mad. d. O Neve 1077
M.ga Trattesoli 1117
M.ga Lavacchio 1369
La Selva
Passo. Piasenza 1462
M. Cerbiolo
1266
743
1173

0   500 m

40

40

Alpintour

Cima Valdritta
Gipfeltour am felsigen Baldo Kamm

DAUER	5h 45min
LÄNGE	11,6 km
HÖHENMETER	665 hm
SCHWIERIGKEIT	SCHWER
MIT ÖPNV ERREICHBAR	ja

Das erwartet dich ...

Die hochalpine Runde verlangt uns heute ein gewisses Maß an Schwindelfreiheit und Trittsicherheit ab. Bis zum ersten Gipfel wandern wir über Fels- und Wiesenpfade. Danach erwarten uns kurze, aber sehr steile Auf- und Abstiege sowie die eine oder andere unwegsame und abschüssige Stelle. Es gibt eine gesicherte Passage. Ausdauer und Bergerfahrung sind gefragt. Wasser nicht vergessen!

Start & Ziel & Anreise

Heute fangen wir mal ganz gemütlich an – nämlich an der Bergstation der Funivia Monte Baldo, auf die wir kurz zuvor entspannt hinaufgeschwebt sind. Die Talstation der Seilbahn erreichen wir mit dem Auto über bequem von der A 22 über Mori. Dann nehmen wir die Gardesana an der Ostseite des Sees entlang bis Malcesine. Parkmöglichkeiten im Ort oder nahe der Talstation. Mit dem Bus Nr. 484 fahren wir 484 in Richtung Garda. Haltestelle ist Malcesine.

Tourenbeschreibung

An der Bergstation der Funivia Monte Baldo machen wir uns zu dieser anstrengenden, aber dafür spektakulären Bergtour auf. Dauerpanorama ist uns heute garantiert! Die Seilbahn nimmt uns zwar viele Höhenmeter ab, dennoch sollte der Weg zum Gipfel nicht unterschätzt werden. Stetiges Auf und Ab fordern all unsere Kräfte – und auch Mut! Die Tour sollte nur bei gutem Wetter begangen werden. Auf keinen Fall bei Nebel loswandern – die Gefahr, sich dann zu versteigen, ist enorm hoch. Wie im Hochgebirge können auch hier rasch Wetterstürze hereinbrechen. Ein früher Aufbruch ist in jedem Fall empfehlenswert.

Wir halten an der Bergstation zunächst Ausschau nach der Markierung Nr. 651. Sie führt uns nach Süden hinab, zum einzigen Gasthaus der Tour – der Baita dei Forti. An der Bocca Tratto di Spino halten wir uns auf einem schmalen Steig. Unserer Markierung leitet über felsigen Untergrund sanft empor. Hinter dem Sendemast treffen wir auf die Liftstation prà Alpesina. Mit fantastischem Panorama wandern wir über zauberhaftes Wiesenplateau. Gelbe Holzpfeile weisen uns den Weg. Rechts hinter den Latschen wartet eine ganze Schar von Steinmännchen und -türmchen auf uns.

Hier wird es richtig steil. Der steinige Weg führt hinauf auf die Cima delle Pozzette. Eine erste Pause mit Gipfelschau ist Pflicht. Der Zwischengipfel wird von einem kleinen Holzkreuz geziert. Die meisten Touristen drehen hier wieder um. Wir wagen jedoch den Weg in deutlich anspruchsvolleres, hochalpines Gelände. Der Pfad führt uns 100 m steil durch Latschenkiefern hinab zur Sella di Val d'Angual. Vorsichtig suchen wir unseren Weg entlang des Grates am Geröllabhang und schreiten an der Latschenkante auf die felsige Nordwand der Cima del Longino zu.

Wir umgehen diesen Gipfel an der Ostflanke. Hinab und wieder hinauf führt die Route durch das Geröll. Dann steigen wir unwegsam über Latschenwurzeln kurz steil hinauf und bis zur völlig freien, exponierten Gratkante über Felsen hinab. Dieser Abschnitt ist ungefährlich, doch zur Not hilft ein Griff an die Latschen. Vor uns türmt sich bereits der eindrucksvolle Gipfel der Cima Valdritta auf. Der Steig zieht steil empor, bis zur ausgesetzten Schlüsselstelle. Dieses Wegstück über Steinplatten ist mit Stahlketten gesichert. Wir gehen weiter, hinter Felsen bergan – Achtung, hier müssen wir genau auf die Wegführung achten. Dann stehen wir an der Cima Val Finestra.

Das Gipfelkreuz der Valdritta ist bereits gut zu erkennen. Wir stiegen noch einmal kurz sehr steil und rutschig bergab, dann geht's auf Geröllfeldern über die Valdritta Ostflanke und bergan zum Abzweig. Rechts steigen wir in einer viertel Stunde durch den steilen und felsigen Gipfelaufbau hinauf zum Metallkreuz. Dann folgen wir den Trittspuren nach Norden und erreichen den eigentlichen Gipfel der Cima Valdritta. Das Panorama über den Gardasee ist atemberaubend und unvergleichlich. Unser Blick schweift über die nahen Gardaseeberge bis zu den nördlichen Alpen, bei guter Sicht sogar bis nach Venedig. Glücklich und mit aufgetankten Kräften nach einer genussvollen Gipfelrast kehren wir auf dem gleichen Weg wieder zurück zur Bergstation der Funivia Monte Baldo.

Madonnina
Corno di Bò
La Spiaggia
delle Lucertole
P. Calcarole
65
364
583
Sorg. Varmo
Val Marsa
Varmo
Doss Gialeta 844
Doss Casina 981
Cappella di Doss Casina
818
Maso Cavril 583
Maso Pallotta 583
Casine 214
Maso Tranquillini 498

Buon Porto
Villa Tempesta
Tempesta
Doss del Mosca 967
Coston Tre Alberi
Pian del Maroc
1172
Busa del Bonet
La Guarda 1304
1303
1332
1409
1463
M.ga Casina 1022
C. Grigolli 764
Doss Remit 1224
Acqua d'Ortì
Valle delle Porte
Doss Alto 735

Galleria del Confine
344
191
680
Piani di
Tempesta
419
979
Baita della Selva 1085
1442
1576
P
Parco
Naturale del
Spigol de Badina
Val de Nago
1124
1040
1076
970
Dosso Alto 735
1002
M.ga Rigotti
1180
1159
1174
M.ga Bordina 1376
M.ga Campei di Sopra 1469
M.ga Campei di Sotto 1328
Frugnoni
1138
Frugnoni
Remù

Rocchetta al Confine 1064
1152
M. Varagna 1778
Sforzela
Selva Alta
Acqua della Selva
1482
1480
M.ga Campiglio (rud.) 1665
B.ta Grasso 1665
1500
1545
Festa 885
Penegie
P
Cortel
Fusel
1011
1057

Galleria Regina
V. Lavina
Matacarne
Re di Cola
Dosso dei Roveri 1067
Le Mandriole 1601
Campo di Mezzo
M. di Nago 1875
1743
1880
1711
1758
Val del Parol
1640
Monte
1679
1630
Bocca Paltrane 1831
1169
Scatoni (rud.)
1130
1188
Pra da Lera
Maso Palù
Cagnom 744
Malga Mortigola B&B, Restaurant
776
Landron

Dosso Spirano 874
Riserva Naturale Integrale Gardesana Orientale
Rif. Forestale 873
M. Altissimo di Nago 2079
Rif. Damiano Chiesa 2059
Pra delle Valsirve
1941
La Sella 1886
M. Laste'
1719
1646
41
Bocca del Creer 1617
M.ga Pesna 1533
M.ga Campo 1637
M. Campo 1666
1482
Penezè
Paon di Pesna
Praosole 1243
C. Dordi 1259
1205
1172
Ex Molino dei Puntuai
Agritur. Seandre
Monte

V. Mastella
V. Bova
V. delle More
Cresta di Navene 1559
P
Rif. Graziani 1617
M.ga Catolghe
M.ga Canalace 1575
Riserva
Corna Piana 1736
Naturale
M.ga Bes 1516
C. Barocera 1273
Mosee
S. Giacomo
Colombere
Torrente Sorna
V. da Vig
Strenta
Baita Costapelata 1374
Ciclamino
P
1283
M.ga Pratovecchio di Sotto
Seandre

Rif. Bocca di Navene 1425
Bocca di Navene 1425
Colmetti 1499
P. di Vo' 1537
P
di Sotto 1356
Val degli Archetti
Rif. Fos-Ce 1432
Ex Cimitero Militare
S. Valentino 1312
Maroc Fré
C. de Bes
Corne de Bes
M.ga Pizzagrola 1341
P
M.ga Planeti 1161
M.ga Postemonzel 1189
M.ga Susine 1327
M.ga Pratovecchio di Sopra

Cime di Ventrar
La Prada
1751
Colma di Malcesine
M.ga Zocchi
di Sopra 1630
1427
Miniera Terre Verdi
1043
Lago Pra de le Stua
1043
Pra da Stua 1043
Baldo
M.ga Postemon 1389
1427
avecchio 1390
Bocca d'Ardole

1510
La Capannina
M. Grande 1782
Funivia di Monte Baldo
M.ga Tratto Spino di Sopra 1752
Baita dei Forti 1752
Bocca Tratto Spino 1720
V. di Calonei
Bocca delle Scalette 1331
M.ga Tratto Spino di Sotto
1227
M.ga Pra Alpesina 1457
M.ga Tretto 1125
Sbiogà
979
Sbiogà
1379
Corno d. Paura

0   500 m

Gipfeltour 41

Monte Altissimo di Nago
Gipfeltour mit Top-Panorama

DAUER	3h
LÄNGE	8,5 km
HÖHENMETER	520 hm
SCHWIERIGKEIT	LEICHT
MIT ÖPNV ERREICHBAR	nein

Das erwartet dich ...

Der Monte Altissimo di Nago beherrscht den Gardasee und bietet sich als erste richtige Gipfeltour im Frühling an. Die Runde ist dabei sehr einfach und führt zumeist über breite Wirtschaftswege, eignet sich also auch gut für Familien. Der Aufstieg gestaltet sich abwechslungsreich und angenehm über Wiesenpfade. Der Weg liegt komplett in der Sonne, also genügend Wasservorräte mitnehmen!

Start & Ziel & Anreise

Heute starten wir von der Bocca del Creer an der Monte-Baldo Höhenstraße. Über die A22 geht's bis nach Mori. Hier weiter auf der Strada Provinciale 3 über Brentonico und San Valentino. Parkmöglichkeiten gibt es am Rifugio Graziani, das direkt an der Höhenstraße liegt. Eine öffentliche Anreise ist nicht möglich.

Tourenbeschreibung

Unser heutiges Ziel zählt zu den aussichtsreichsten Gipfeln im Gardaseeraum. Der Weg führt uns mühelos auf grasigen Pfaden bis zur Gipfelrast mit Einkehr und Überbleibseln aus dem Ersten Weltkrieg. Wer den Gardasee noch nicht aus dieser Perspektive gesehen hat, hat ihn noch nicht wirklich gesehen! Der Ausblick auf den Gardasee, Brenta und Adamello ist bei klaren Sichtverhältnissen unvergleichlich schön.

Wir umgehen vom Parkplatz aus das Bergrestaurant Rifugio Graziani links und richten uns nach dem Wegweiser Nr.650. Geradewegs geht es am Parkplatz vorbei, leicht nach Norden hinab auf einer breiten Schotterstraße. Eine knappe dreiviertel Stunde später erreichen wir einen Elektrozaun und einen Viehteich auf der malerisch gelegenen Malga Campo. Hier kann man frisch gemachten Käse und Butter kaufen. Nicht verpassen sollten wir zudem den zehnminütigen Abstecher zum Gipfelkreuz des Monte Campo auf 1666 m Höhe. Der Blick ins Etschal ist fantastisch.

Kurz vor den Almhäusern halten wir uns links auf die Markierung Nr. 622. Pfadspuren leiten uns südwestlich um einen großen Rechtsbogen herum. Wir steigen bergan und queren dabei einige Serpentinen der Almwiesen von Valsirve. An einem Querweg halten wir uns rechts bis zur Bocca Paltrane. Hier schwenken wir scharf nach links Richtung Altissimo, weiter auf dem Weg Nr. 622. Noch sehen wir den Gardasee nicht. Dafür genießen wir die Aussicht zur Corna Piana und auf die umliegenden Almwiesen. Nach ein paar ehemaligen Kriegsstellungen steigen wir recht steil über einen schönen Bergpfad und durch blühende Wiesen hinauf zum Rifugio Damiano Chiesa. Hier legen wir eine kurze Pause ein – Gipfelrundgang inklusive.

Der höchste Punkt des Altissimo wird von einem Eisengestell markiert. Das Nachbarplateau fordert jedoch noch mehr unserer Aufmerksamkeit: Von dort winkt eine kleine Steinkapelle herüber, die von Schützengräben umgeben ist. Die Belohnung ist ein einmaliges Rundum-Panorama. Auf der steinigen alten Kriegsstraße „Sentiero delle Pace" wandern wir weiter zum Wegweiser Busa Brodeghera. In langen Kehren steigen wir dann Richtung Südosten hinab. An einer Felshöhle mit kleiner Madonnenfigur vorbei geht's zurück zum Rifugio Graziani.

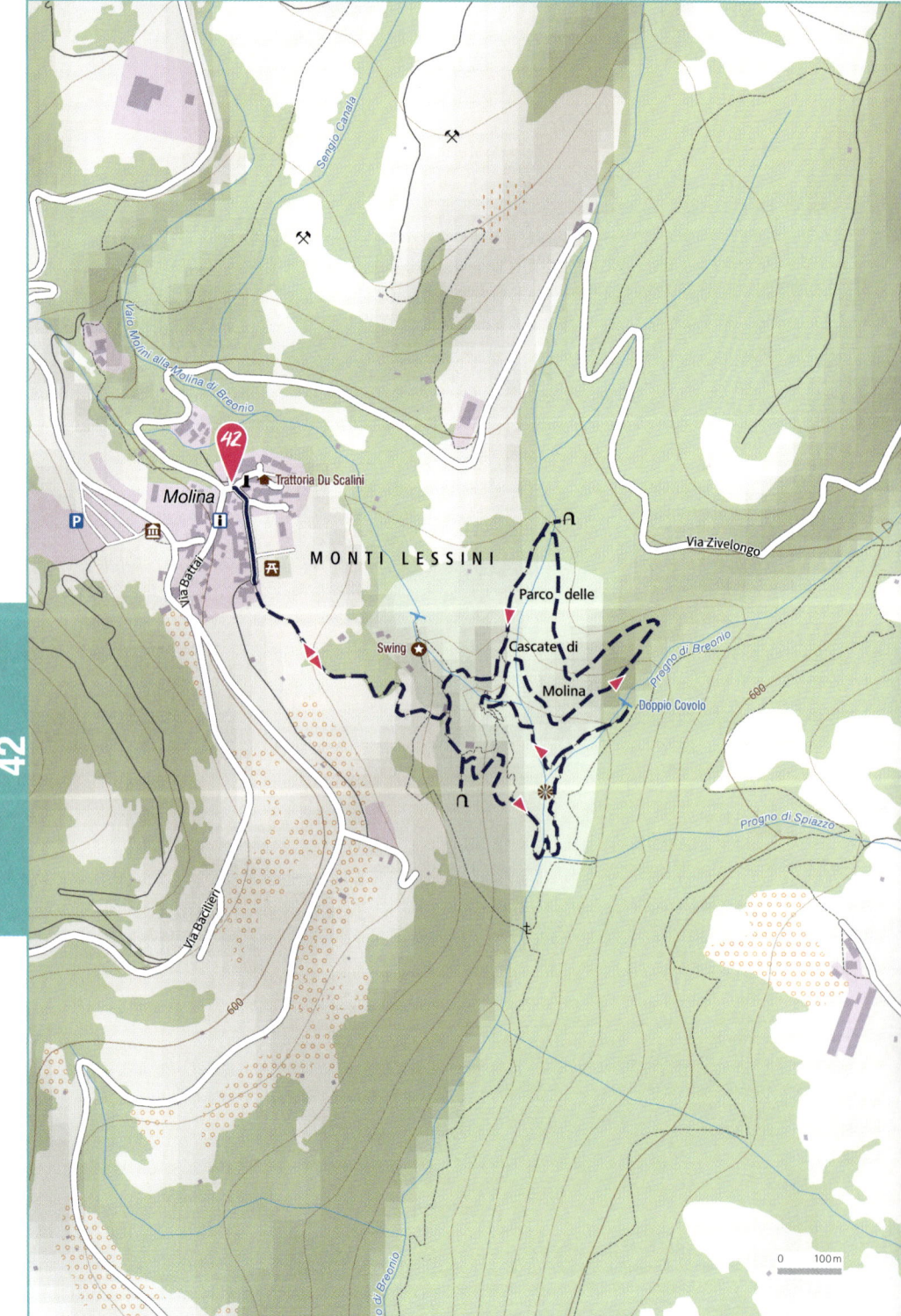

42

Molina

Trattoria Du Scalini

P

MONTI LESSINI

Swing

Via Bartar

Via Bacilieri

600

Vaio Molini alla Molina di Breonio

Sengio Canaia

Via Zivelongo

Parco delle
Cascate di
Molina

Progno di Breonio

600

Doppio Covolo

Progno di Spiazzo

600

no di Breonio

0   100 m

Wasserfalltour 42

Parco delle Cascate

Wassererlebniswelt in Molina im nördlichen Valpolicella

DAUER	2h
LÄNGE	4,1 km
HÖHENMETER	340 hm
SCHWIERIGKEIT	LEICHT
MIT ÖPNV ERREICHBAR	ja

Das erwartet dich ...

Die kleine und kurzweilige Runde führt uns auf einfachen Wegen durch den Park. Gerade für Kinder ist der Ausflug ein abenteuerliches Vergnügen. Tosende Wasserfälle, Schluchten, Höhlen und üppige Natur erwarten uns in den Lessinia Bergen. Die Wasserfälle von Molina liegen in einem Naturpark, den man auf mehreren thematischen Pfaden und teils über wirklich abenteuerliche Brücken durchqueren kann. Unterwegs gibt es einige rutschige Stellen und feuchte Abschnitte. Es lohnt sich, ein Picknick einzuplanen.

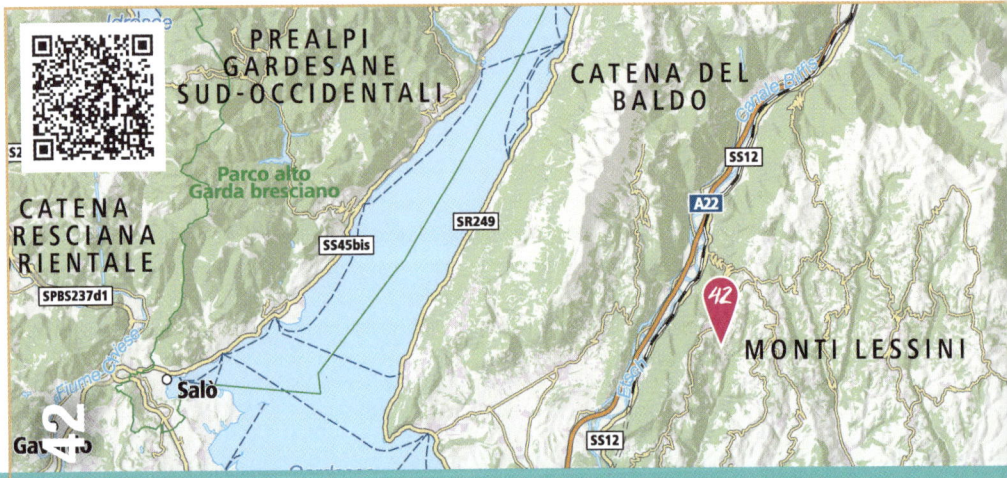

Start & Ziel & Anreise

Unser heutiger Ausgangspunkt ist Molina. Mit dem Auto erfolgt die Anfahrt wieder über die A 22. Bei der Ausfahrt Ala/Avio wechseln wir auf die Strada Provinciale 90. Wir fahren über Borghetto, dann weiter auf der SP 57 bis Fosse. Von hier aus weiter über die SP 33 nach Molina. Knapp nördlich der Ortseinfahrt gibt es einen Parkplatz. Von Verona fährt der Bus Nr. 105 in Richtung Fosse Via Battisti II. Haltestelle Molina.

Tourenbeschreibung

Im malerischen Ort Molina achten wir zunächst auf die Schilder zum Parco delle Cascate und in Richtung Progno di Breonio. Der Weg Nr. 252 führt uns Richtung Süden durch die Via la Cansiliazione sanft hinab. Wir passieren einen Spielplatz und eine Pizzeria. Zwischen Mauern aus Steinplatten gelangen wir nach einer viertel Stunde zum Eingang des Parco delle Cascate.

Am Eingang erwartet uns ein großer Picknickbereich mit Restaurant. Wir halten uns an die schwarze Route und folgen ihr nach rechts zur Station Nr. 2, einer prähistorischen Grotte. Von dort spazieren wir zurück zum Abzweig und halten uns rechts über schattige Kehren hinunter in die Senke des wunderschönen Bachlaufs Progno di Breonio. Wir queren eine Brücke, schlendern an Feigenbäumen vorbei und schlagen einen steinigen Bergweg nach Norden zum erfrischenden Wasserfall Cascata dell'Orso ein.

An der Abzweigung halten wir uns geradeaus, auf groben Steinen und Stufen. Der Weg ist gesäumt von Hirschzungen und Veilchen. Bald treffen wir auf eine enorme ausgewaschene Doppelhöhle. Es ist der stillste Fleck der Tour. Wieder am Abzweig folgen wir nach rechts einigen steilen Serpentinen. Wir erklimmen eine Eisenleiter hinauf zu mehreren kleinen Wasserfällen und dem Flying Fox. Über weitere Stufen werden wir am Sprühwasserfall vorbei geleitet, dann gelangen wir an einen hübschen Rastplatz mit kleinem Kletterfelsen. Wir bleiben an der Rot-Grün-Abkürzung rechts auf der schwarzen Route. Steile Serpentinen und Stufen führen uns durch den Wald hinauf zu einem herrlichen Aussichtspunkt.

Die Route leitet uns wieder abwärts zu einer Gabelung. Wir wählen den rechten Weg hinauf zur „Grotte der dunklen Brüste", an der uns eine einzigartige Gesteinsformation erwartet. Wir kehren wieder um und halten uns an den folgenden Gabelungen geradeaus zur Riesenschaukel am Schwarzen Wasserfall. Das lustige Schauspiel können wir uns am nächsten Abzweig von oben noch einmal ansehen. Am Ende des Abstechers erreichen wir den Cascata Verde. Dann kehren wir auf gleichem Weg zurück und gehen geradeaus zum Parkeingang. Auf bekanntem Weg geht's nach Molina zurück.

Autoren Tipp

Der Wasserfallpark ist eines der Top-Naturhighlights in der Umgebung des Gardasees. Er bietet mit seinen drei Rundwegen einen spannenden Ausflug in die Natur. Eingerahmt wird er von steilen Felsen, schäumenden Wasserfällen und bunten Orchideen. Flying Fox oder Riesenschaukel sind zudem ein ideales Abenteuer für Kinder. Der Park hat von April bis September von 9-19:30 Uhr geöffnet. März und Oktober etwas kürzer. Infos unter www.parcodellecascate.it

Costa Vergnana
V. di Vergnana
V. della Contessa
Il Capitello
Fontanelle
Le Pozze
Ca Grande
Vezzarde
Sant'Anna
d'Alfaedo
939
Museo
Paleontologico
Vajo della Marciora
Rocca
di Berra
852
M. Crocetta 951
Breonio
852
Gorguselllo
-di Sopra
di Sopra
V. di Zivelongo
Sotto
Sengia
dosso dei tuli
Cona
871
Cava
di Marmo
Mascalzon
di Sotto
717
Zivelongo
716
La Costa
C. Paul
La Spughetta
M. Pastelletto
1031
Pramaggiore
Valcesara
Ca De Per
Le Cole
Pozze
Crestena
706
Parolletto
893
Molina
580
Varlocara
Macchion
C. Pagàn
Pidocchiosa
Vaggimal
700
Le Rive
di Sopra
M. Creta
807
Parco delle
Cascate
Spiazzo
S. Anna
747
Casalin
C. Sengia
Caneve
Camporiondo
-di Sotto
Scariotti
Progno Spiazze
926
M. Masua
di Cerna
Corrubio
788
917
V.la
del Vento
Sengia
Rossa
650
Valdari
Bottesella
Il Dosso
Corno
Crobiol
Boar
Cerna
739
La Mandria
916
M. Tesoro
Ex Forte
Masua
926
Ca Moccoli
Pizzòlana
Albarei
Costa
Barco
Calde
Croce dello
Schioppo
Togni
Calzerega
Mar di Oi
Orbie
Ca
Vecchia
Faomba
Piazzo
Molane
900
Mulin de Cao
(rud.)
43
Grotta di Campore
Grotta di
Fumane
Pte Tibetano
Maso
573
610
824
M. Robiago
Mondrago
Navesa
Pian di Navesa
M.no
Trambani
Val Sorda
S. Christina
Fane
628
Baito
Covoli
di Marano
M.ga
Biancari
Ca Fava
Valdonego
Pertega
568
-di Sopra
708
Ca de
Gottolo
M.no Simbeni
274
di Sopra
629
S. Christina
Prun
523
Albarin
Verago-
di Sotto
Mazzarino
Marezzane
Girotto
di Sotto
Baiaghe-
M. Noroni
788
Ca Noroni
Ca Fava
Prun
523
M. Marognon
705
M. Rumala
704
Tre Molini
Ca Nuova
Mospigolo
Menola
Preola
Peagne
Ronch
Torresane
M. La Mare
704
Magine
Paladi
610
Casal
Caseri
250
M. Per
627
di Sopra
Vaialta
-di Sotto
Martini
Scandola
398
Camponuovo
Longori
Casal
Carazzole
Spighetta
Piazzo
500
Crobiol
Mazzano
Ca del
Paver
245
Colombare 424
Cava
S. Rocco
510
Tonei
Carazzano
447
C. delle
Patate
Casetta
Torre
Galdè
Gevè
Casolini
M. Rivoli
642
Ca Pangoni
Al Sole
M. Castellon
591
S. Maria
di Valverde
537
M. Cornesal
456
Camporal
Casetta
Purgatorio
Ca dell'Alba
Canova
Ca
Andreoli
Purano
420
Pezza
463
Scandola
398
Malanchino
385
Sergiago
di Sotto
Pozzetti
Ca Tripoli
Salto
Comale
Olmo
Marano
di Valpolicella
350
Novaia
Fasena
S. Ciriaco
Monte Scarin
Gazzo
Cava
La
Ziviana
Cotto
Canzago
314
Piazzaron
315
M.o di Villa
M.o di Villa
Ca
Cornocchio
M. Santoccio
Crocetta
Passi
Jago
Alto
365
V.la
Bertoldi
Quena
Mad. della
Saletta
Pianaura
Tenda
Le Biniele
Maragnole
0   500 m
335
Fumane
198
Casetta
Scriani
Antòlini
Ravazzol
Farinona
Prognol
225
Progn

Schluchttour 43

Ponte Tibetano
Eine Schlucht wie aus dem Dschungelbuch im Val Sorda

DAUER	3h 45min
LÄNGE	6,7 km
HÖHENMETER	590 hm
SCHWIERIGKEIT	MITTEL
MIT ÖPNV ERREICHBAR	nein

Das erwartet dich ...

Kurz, aber sehr sportlich und anspruchsvoll führt uns die Runde durch die tiefe, felsige Val-Sorda-Schlucht. Sie erwartet uns mit dschungelhafter Vegetation zwischen senkrechten Felswänden. Der Zugang zur Hängebrücke ist steil. Auch der finale Abstieg ist knackig und darf über die vielen Felsen nicht unterschätzt werden. Begleitet werden wir von Farnen, Lianen und Wassermolen. Steighilfen erleichtern den Weg. Dennoch sind Trittsicherheit, Orientierung und Fitness heute unbedingt Voraussetzung.

Start & Ziel & Anreise

Wir beginnen die abenteuerliche Runde in Molin de Cao. Die Anreise mit dem Auto erfolgt über die A22. Nach der Ausfahrt Affi/Lago di Garda Sud fahren wir über die SP 11 bis Sega und dann über die SP 33 nach Molin de Cao. Parkmöglichkeiten gibt es gegenüber der Bar und Trattoria de la Val Sorda (alte Straße nach Molina).

Tourenbeschreibung

Heute betreten wir eine wundersame Welt, die uns in Staunen versetzt und uns die Sprache verschlägt. Doch zunächst geht es ganz gemütlich am Parkplatz los. Wir folgen CAI 238 zur ersten Weggabelung, spazieren geradeaus über das Bachbett und stehen kurz darauf an der Mühle Molin de Cao. Der Eingang zum Val Sorda liegt geradeaus. In leichtem Anstieg wandern wir über schmale Pfade und überwinden spannende, kleinere Drahtseilabschnitte an den Felswänden. Immer wieder geht's über kurze Metallbrücken und -leitern. Nach einer halben Stunde erspähen wir über uns die Hängebrücke. Wir ignorieren den Abzweig zur Biancari-Alm und lassen uns von einem wunderschönen Naturpfad zu einer eingemauerten Schotterstraße führen. Hier geht's rechts nach Mondrago.

Weg Nr. 231 führt uns vom Ortsbeginn rechts die Straße hinunter. Oben an der Kreuzung halten wir uns geradewegs auf einen Schotterweg. Er leitet uns erneut hinab in den Wald. Dann schlendern wir kurz an Kirschbäumen entlang hinauf, schlüpfen durch zwei entriegelbare Zäune und folgen dem wunderschönen Feldweg mit markierten Holzpfählen zum Gehöft Baiaghe. Wir halten uns zunächst rechts. In der folgenden Rechtskurve verlassen wir die Straße nach links und gehen am Zaun entlang zur Malga Biancari, an der uns ein schöner Grillplatz erwartet. Hier richten wir uns nach den Schildern „Ponte Tibetano"; sie schicken uns zunächst geradeaus, an der Gabelung dann nach rechts.

Der Abstieg zurück ins Val Sorda erfolgt über grobes Gestein, steil und rutschig. Weiter geht's dann auf einem schönen Waldpfad und zuletzt über Stufen bis zur Hängebrücke Ponte Tibetano. In schwindelerregender Höhe überschreiten wir sie. Dabei begleiten uns berauschende Blicke in die Tiefe zur anderen Seite der Schlucht. Wir überwinden noch einmal einige steile Kehren die von Stechpalmen gesäumt werden. Am Wegweiser halten wir uns links und wandern hinauf zur Grotta di Campore. Hier legen wir eine kurze Rast ein. Die Erkundung der kühlen Höhlen ist ein Abenteuer für sich. Eine halbe Stunde später kehren wir nach einem felsigen und sehr steilen Serpentinensteig zurück zur Molin de Cao.

VERONA

44

Stadttour

44

Verona

Flanieren und Entdecken in der italienischen Liebesstadt

DAUER	2h 10min
LÄNGE	5,1 km
HÖHENMETER	70 hm
SCHWIERIGKEIT	LEICHT
MIT ÖPNV ERREICHBAR	ja

Das erwartet dich ...

Verona liegt nur 30 km vom Gardasee entfernt und eignet sich daher wunderbar für einen Tagesausflug. Die attraktive Stadt mit ihrem typischen italienischen Flair begrüßt uns mit einer Vielzahl an kulturellen Amüsements: Museen, Kunstgalerien und antiken Gebäuden. So wurde sie 2010 als UNESCO Weltkulturerbe aufgenommen. Die hübsche und quirlige Piazza Brà empfiehlt sich dabei gut als Ausgangspunkt für den Stadtspaziergang.

Start & Ziel & Anreise

Unser heutiger Ausgangspunkt liegt mitten in Verona – genauer gesagt an der Piazza Brà. Mit dem Auto erreichen wir Verona auf direktem Wege über die A 22. In Verona gibt es viel größere Parkplätze. Die zentrumsnahen Parkmöglichkeiten sind gebührenpflichtig. Verona hat einen großen Bahnhof und ist wunderbar mit dem Zug erreichbar.

Tourenbeschreibung

Wir spazieren am östlichen Ende der Piazza Brà am Palazzo Barbieri vorbei. Daneben erstrahlt die antike, weltberühmte Opernbühne Arena di Verona. Nach links wählen wir die Gasse Via G. Mazzini und betreten Veronas Altstadt. Boutiquen, so weit das Auge reicht. An der nächsten T-Kreuzung geht's nach rechts und linksseitig zur Casa di Giulietta. Es soll das Elternhaus der Julia aus Shakespeares berühmtem Drama sein. Links der Kreuzung befindet sich der lange, antike Marktplatz Piazza delle Erbe. Er wird vom 84 m hohen Lambertiturm überragt, den wir über die benachbarte Piazza dei Signori erreichen. Von oben hat man eine tolle Panoramasicht.

Am Platz davor reihen sich prunkvolle Regierungspaläste aneinander. Hinter dem Torbogen liegt der bizarre Skaliger-Friedhof aus dem 8. Jhdt. Wir halten uns an der Kreuzung links in die Vic. Cavaletto, dann geht's rechts zur Kirche Sant'Anastasia, Veronas größter Kirche. Die wunderhübschen Fresken sollte man nicht verpassen. An der gleichnamigen Piazza gehen wir links und weiter durch die Via Duomo. An ihrem Ende treffen wir auf den majestätischen Duomo di Verona. Ein Säulenportal und leuchtender Marmor prägen das Bauwerk. Rechts geschwenkt über zwei kleine Parkplätze und schon sind wir an der Etsch. Wir queren den Fluss auf der römischen Bogenbrücke Ponte della Pietra. Flux über die Hauptstraße und zu den Stufen des Vicolo Botte. Sie führen uns hinauf zum Castel San Pietro. Im Panoramarestaurant „TEodoricoRe" unter der Burg kann man toll einkehren!

Zurück an der Römerbrücke schlendern wir kurz flussaufwärts. Dann geht's links über Treppen zum schilfreichen Uferweg. An seinem Ende steigen wir hinauf, die eindrucksvolle Kirche San Giorgio in Braida im Blick. Wir spazieren weiter auf der Uferstraße und wechseln die Flussseite bei der Ponte Garibaldi. Rechts herum erwartet uns eine ruhige Uferstraße mit einer Baumreihe. Wir nehmen die nächste Brücke und schwenken links in die Via Campagnola zur Festungsbrücke Ponte Scaligero. Sie bringt uns entlang der Zinnen direkt in die Festung Castelvecchio, in dem sich auch ein Museum befindet. Danach schlendern wir geradewegs durch die Via Roma zurück zur Piazza Brà. Kurz zuvor legen wir einen Stopp bei der besten Eisdiele der Stadt ein: Gelateria Savoia.

GUT
ZU WISSEN

Unsere Wander-Hacks

Es geht auch einfacher

HACKS

AUFWÄRMEN

Das Herz pumpt schon nach den ersten fünf Minuten wie verrückt und ein Ziehen macht sich in den Waden breit? Dann bist du wohl zu schnell los! Wie bei jeder Sportart solltest du dich auch beim Wandern aufwärmen. Deshalb lieber die erste halbe Stunde etwas gemütlicher spazieren. Das bringt den Kreislauf in Schwung, das Blut zirkuliert schneller und die Muskulatur wird optimal mit Sauerstoff versorgt.

SAISONSTART

1000 Höhenmeter und 20 Kilometer sind etwas viel für die erste Tour, fange mit einigen gemütlichen Wanderungen an und steigere dich langsam. Je nach Fitnesslevel können das über 200-300 Höhenmeter am Anfang sein oder auch nur 100. Dein Körper signalisiert dir schon, wenn es ihm zu viel wird. Warum also nicht erstmal ein Stadtspaziergang in Bardolino oder eine kleine Wanderung um den Ledrosee mit anschließendem Badespaß?

ERLEICHTERUNG FÜR DIE FÜSSE

Deine Füße tragen dich nicht nur auf einer Wanderung, sondern durchs ganze Leben. Sie werden sich freuen, wenn du ihnen durch richtiges Schuhwerk und adäquate Socken das Wanderleben erleichterst. Gut passende Wandersocken mit Verstärkungen vermeiden Blasen. Eingelaufene, gut sitzende Schuhe mit anständigem Profil geben dir festeren Halt und ersparen dir ein Umknicken oder Wegrutschen.

Endlich was Neues ausprobieren

Lust was Neues auszuprobieren?

WENN JA HABEN WIR EIN PAAR VORSCHLÄGE FÜR DICH.

- **WANDERN & BEOBACHTEN:** Manche Ecken rund um den Gardasee sind ein wahres Tierparadies; Vögel, Gämsen, Murmeltiere – mancherorts sogar Schildkröten und vieles mehr. Du entschleunigst deine Wanderung, wenn du dich unterwegs einfach mal in den Schatten unter einen Baum oder Felsvorsprung setzt und beobachtest.

- **BARFUSS LAUFEN:** Eine Massage für die Füße, eine Explosion für die Sinne, wenn es mal kalt, mal stachelig oder samtweich an den Fußsohlen bitzelt. Natürlich nicht die ganze Wanderung, aber auf besonders schönen Wegabschnitten.

- **KNEIPPEN AM BACH:** Gerade wenn die Sonne über dem Gardasee am heißesten brennt, wenn der Körper überhitzt ist und die Glieder schwer werden, bietet sich ein Kneippstopp am Bächlein an. Langsam und kurz mit den nackten Füßen mal bis zu den Waden ins kühle Nass eintauchen.

- **IN DIE FERNE BLICKEN:** Nicht nur eine gehörige Entspannung für die Augen und fürs Gehirn. Auch an den Eindrücken in der Ferne wirst du deine helle Freude haben. Besonders gut vom Gipfel aus zu zelebrieren.

Von Vorteil
FÜR MENSCH & NATUR

Nachhaltigkeit

BEIM WANDERN

Wandern ist eine der nachhaltigsten Methoden, um unsere Umwelt und Natur zu entdecken. Doch das Gleichgewicht ist hier extrem sensibel: Jedes zurückgelassene Papierchen in schönster Umgebung, jede Plastikwasserflasche oder auch noch so tolle Outdoorjacke, dafür voll von chemischen Zusammensetzungen, fallen schon sehr ins Gewicht. Doch nachhaltig zu wandern ist nicht schwer, wenn man sich ein paar einfache Regeln zu Herzen nimmt.

Und das kannst du machen …

01 **Nachhaltigkeit beginnt schon bei der Anreise:** Je mehr Menschen mit dem Auto fahren, desto mehr CO_2-Ausstoß und desto mehr umweltschädlichen Gummiabrieb der Reifen gibt es. Doch viele Ausgangspunkte sind auch gut mit den öffentlichen Verkehrsmitteln zu erreichen. Also einfach mal das Auto stehen lassen. Oder Fahrgemeinschaften bilden.

02 **Keine Einwegflaschen:** Gerade das Trinken ist auf Wanderungen wichtig. Doch sollte man aus Rücksicht zur Natur und sich selbst zuliebe auf Einwegflaschen aus Plastik verzichten und lieber seine eigene Trinkflasche mitnehmen.

03 **Kein Verpackungsmüll:** Die Verpflegung für den Hunger zwischendurch ist mindestens genauso wichtig wie das Trinken. Brotdosen bieten sich zum Transport von Proviant an oder einfach alles in ein Bienenwachstuch einwickeln.

04 **Wanderausrüstung leihen:** Gerade beim Ausprobieren einer Sportart muss nicht gleich alles neu gekauft werden, was dann vielleicht im Keller landet. Manche Ausrüstungsgegenstände können auch erst einmal ausgeliehen werden. Auch ist es nicht notwendig, jedes Jahr ein neues Outfit zu kaufen. Achtet ihr schon beim ersten Kauf auf Qualität, macht sich das bemerkbar, denn qualitativ hochwertigere Produkte begleiten uns oft jahrelang.

05 **Weniger ist mehr:** Oft findet sich die schönste Natur in unmittelbarer Nähe. So muss es nicht immer die weit entfernte Gebirgskette sein. Auch Ziele, die aufgrund ihrer Bekanntheit an Wochenenden und in den Ferien total überlaufen sind, freuen sich über ein paar Besucher weniger. Weniger bekannte Ziele haben auch ihren Reiz und warten nur darauf, entdeckt zu werden.

Endlich Sonne

© KOMPASS-Karten GmbH

Karl-Kapferer-Straße 5, A-6020 Innsbruck

1. Auflage 2024 (24.01)
Verlagsnummer 3555
ISBN 978-3-99154-108-0

Konzept und Bildnachweis

Konzept & Gestaltung: © KOMPASS-Karten GmbH

Projektleitung: Jeff Reding

Texte: KOMPASS-Karten AutorInnen (s. Klappe)

Grafische & kartografische Herstellung:
© KOMPASS-Karten GmbH

Kartengrundlage: © KOMPASS-Karten GmbH unter
Verwendung von OpenStreetMap Contributers
(www.openstreetmap.org)

Titelbild: Panoramablick über Torbole;
© mRGB - stock.adobe.com

Cover Rückseite: Malcesine am Gardasee;
© Boris Stroujko - stock.adobe.com

Weiterer Bildnachweis:
Fotos (sofern nicht anders angegebn): Christian Schulze
S. 16: Halfpoint - stock.adobe.com
S. 4-7: Igor - stock.adobe.com
S. 18, 204, 206: Matthias Schenk
S. 41: Oxana Schenk
S. 55: Anna Kraler
S. 59, 75, 185, 212: Bernhard Berger
S. 79: Kathrin Rauh
S. 117: Martina Salchner
S. 157: Thilo Weimar
S. 212/213: stefanotermanini - stock.adobe.com

IMPRESSUM

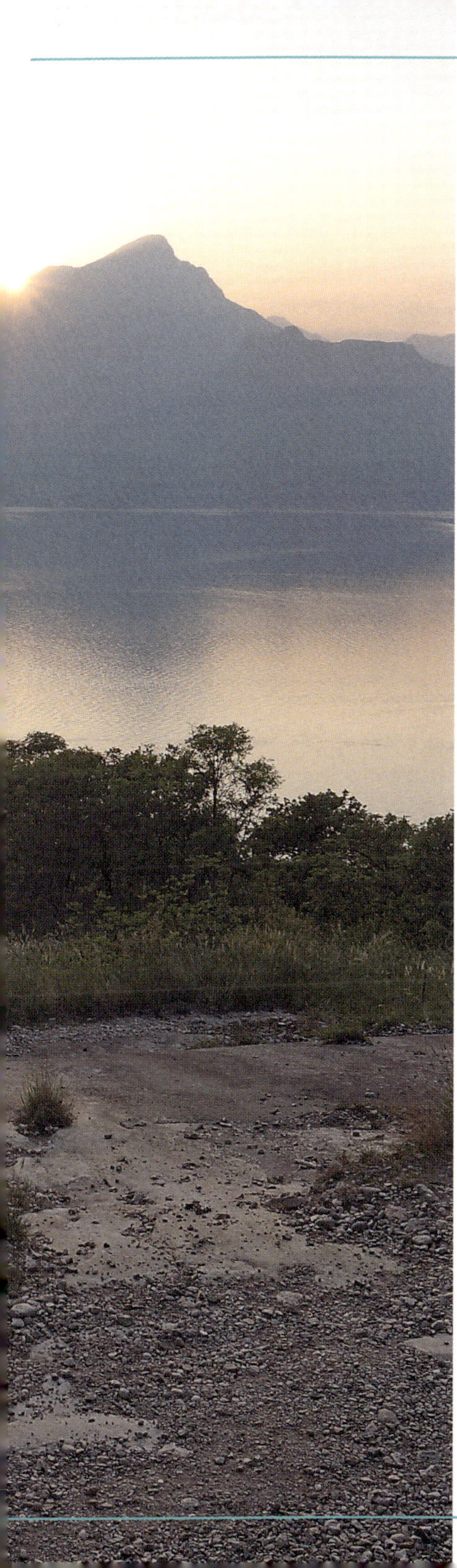

Alle Angaben und Routenbeschreibungen wurden nach bestem Wissen gemäß unserer derzeitigen Informationslage gemacht. Die Wanderungen wurden sehr sorgfältig ausgewählt und beschrieben, Schwierigkeiten werden im Text kurz angegeben. Es können jedoch Änderungen an Wegen und im aktuellen Naturzustand eintreten. Wanderer und alle Kartenbenützer müssen darauf achten, dass aufgrund ständiger Veränderungen die Wegzustände bezüglich Begehbarkeit sich nicht mit den Angaben in der Karte decken müssen. Bei der großen Fülle des bearbeiteten Materials sind daher vereinzelte Fehler und Unstimmigkeiten nicht vermeidbar. Die Verwendung dieses Führers erfolgt ausschließlich auf eigenes Risiko und auf eigene Gefahr, somit eigenverantwortlich. Eine Haftung für etwaige Unfälle oder Schäden jeder Art wird daher nicht übernommen. Für Berichtigungen und Verbesserungsvorschläge ist die Redaktion stets dankbar. Korrekturhinweise bitte an folgende Anschrift:

KOMPASS KARTEN GMBH
Karl-Kapferer-Straße 5, A-6020 Innsbruck
www.kompass.de/service/kontakt

Deine Orientierung

Hallo!
Ich bin deine Anleitung, wie du zu den GPX-Tracks aus deinem neuen Buch kommst. Damit kannst du dir die Route in Outdoor-Apps und Navigations-geräte laden. Scann den QR-Code oder gehe auf folgende Webseite:

www.kompass.de/gpx

Für Navigationsgeräte und Apps haben wir auf unserer Webseite alle Touren im GPX-Format zum Download bereitgestellt:
Hier findet man alle weiteren Informationen. Einfach das richtige Produkt auf der Seite auswählen, die Daten herunterladen und auf das Zielgerät oder in die gewünschte App importieren.

Was ist ein GPX-Track? GPX ist ein Datenformat für Geodaten. Das Wort GPS steht für Global Positioning System (Globales Positionsbestimmungssystem). Mit einem GPX-Track bekommt man die rote Linie, also den Wegverlauf, als geografische Koordinaten.

N 47° 24' 50.0076"
E 10° 20' 48.0336"

N 47° 23' 35.9988"
E 10° 22' 50.9988"

KOMPASS